Karl König

Abwehrmechanismen

4. Auflage

Vandenhoeck & Ruprecht

Bibliografische Information Der Deutschen Bibliothek

Die Deutsche Bibliothek verzeichnet diese Publikation in der
Deutschen Nationalbibliografie; detaillierte bibliografische Daten sind
im Internet über <http://dnb.ddb.de> abrufbar.

ISBN 978-3-525-45607-1

© 2007, 1996 Vandenhoeck & Ruprecht in Göttingen. www.v-r.de
Alle Rechte vorbehalten. Das Werk und seine Teile sind urheberrechtlich
geschützt. Jede Verwertung in anderen als den gesetzlich zugelassenen
Fällen bedarf der vorherigen schriftlichen Einwilligung des Verlages.
Hinweis zu § 52a UrhG: Weder das Werk noch seine Teile dürfen ohne
vorherige schriftliche Einwilligung des Verlages öffentlich zugänglich
gemacht werden. Dies gilt auch bei einer entsprechenden Nutzung für
Lehr- und Unterrichtszwecke. – Printed in Germany.

Druck und Bindung: ⊕Hubert & Co, Göttingen

Inhalt

Vorwort 9

Einleitung 11

Abwehrmechanismen und ihre Auswirkungen 18

Verdrängung – der »einfachste«
Abwehrmechanismus 18
Verdrängung und Unterdrückung – analoge Vorgänge
auf verschiedenen Ebenen 21
Introjektion und Identifizierung – Mittel zum Aufbau
der Persönlichkeit 23
Reaktionsbildung – das Gegenteil kommt durch 28
Verneinung – das Gegenteil wird behauptet 30
Wendung der Aggression gegen die eigene Person
– wenn andere geschont werden sollen 32
Verschiebung – wenn es jemanden treffen soll, der
weniger gefährlich oder weniger wichtig ist 35
Identifizierung mit dem Angreifer – man verhält sich
so, daß man dem Angreifer ähnlich wird 37
Leugnung – wenn man sich gegen die Wahrnehmung
nicht wehren kann, wehrt man sich gegen ihre
Bedeutung 39
Projektion – Inneres soll außen sein 47
Projektive Identifizierung – wenn innere Maßnahmen
nicht ausreichen 50

Isolierung vom Affekt – wenn das, was man denkt, nicht
  unerträgliche Gefühle hervorrufen soll
Isolierung aus dem Zusammenhang – wenn getrennt
  gehalten wird, was miteinander in Konflikt kommen
  könnte 54
Rationalisieren – wenn nur die vernünftigen Motive
  gedacht und erwähnt werden
Intellektualisieren – wenn die Ich-Funktion des Abstrahierens eingesetzt wird, um das eigene Erleben oder
  das Erleben anderer nicht zu stark werden zu lassen 60
Ungeschehenmachen – Verbotenes, das geschehen ist,
  wird durch ein Zauberritual entkräftet 65
Magisches Denken – eine besondere Form von
  Kausalität wird vorausgesetzt 66
Rollenumkehr – Rollentausch bringt Einfluß und Macht ... 67
Altruistische Abtretung – sich mit einem anderen
  mitfreuen 70
Verdichtung – der Traumzensor schmilzt mehreres
  zu einem zusammen 71
Sublimierung – Inakzeptables wird zu Akzeptablem,
  wenn man es akzeptabler tut
Ersatzbefriedigung – man nimmt, was man bekommen
  kann 72
Vermeidung – den leichteren Weg gehen 75
Gefühlsblockaden als Reaktionen auf Gefahren,
  Belastungen oder traumatische Ereignisse – Gefühle,
  die behindern können, werden abgeschaltet 77
Objektneutralisierung und Selbstneutralisierung
  – ein Mittel zu leichterem Verzicht 79
Idealisierung – auf viele Weisen und zu vielen Zwecken ... 81
Regression und Progression – Flucht entlang der Zeit-
  achse oder sich Einstellen auf Übertragungsauslöser ... 87
Depersonalisation, Derealisation – die Wahrnehmung
  des eigenen Körpers oder der Umwelt wird
  verändert, um Schaden zu verhüten 90
Der Einsatz von Abwehrmechanismen bei Schwächen
  der Ich-Funktionen – Belastungen des Ich werden
  selektiv vermindert 93

Frühstörungen — 95

Abwehrmechanismen bei Frühstörungen
– was ist anders? 95
Das Idealisieren anderer bei narzißtischer Charakterpathologie – ein Mittel, eigene Bedürfnisse zu stillen 107
Auswirkungen des Größenselbst – wenn Anspruch an die
eigene Person und Wirklichkeit auseinanderklaffen 108
Narzißtische Entwicklungen, Über-Ich und Empathie
– um sich einfühlen zu können, muß man es für
möglich halten, daß der andere mit einem selbst
vergleichbar ist 110

Mehrpersonensituationen – Abwehr wird zur
Gemeinschaftsaufgabe — 113

Abwehr im Dienst der Partnerwahl und des
Sich-Bindens – Abwehrmechanismen helfen bei
bei der Verwirklichung angeborener Verhaltens-
programme — 116

Gesellschaftsspezifische Abwehr – die Gesellschaft
hat Einfluß auf die Wahl der Abwehrmittel. Ein
Vergleich mit anderen Kulturen hilft, unseren
Umgang mit sozialer Wirklichkeit zu verstehen — 123

Zitierte Literatur — 129

Ergänzende Literatur — 134

Register — 135

Vorwort

Es gehört zu den diagnostischen Aufgaben eines Therapeuten, Abwehrmechanismen zu erkennen. Vielfach geschieht das ganz automatisch, auch ohne daß der Therapeut in seinen Gedanken die Abwehrmechanismen jedes Mal benennt; so wie jemand, der eine Landschaft betrachtet, sich nicht dauernd sagt: »Das ist ein Berg, das ist ein Wald, das ist ein Baum, das ist ein Fluß«. Wenn Unklarheiten in der Behandlung auftauchen, wird der Therapeut daran denken, welche Abwehrmechanismen das, was er nicht versteht, beeinflußt haben könnten.

Zu einem bestimmten Charakter gehören bevorzugte Abwehrformationen. Manche sind immer aktiv, auch wenn kein äußerer Anlaß besteht. Andere wieder werden nur bei besonderen Anlässen in Gang gesetzt.

Natürlich kann und sollte man, auch als Psychoanalytiker, im Privatleben nicht dauernd untersuchen, was die Abwehrmechanismen bei einem selbst und bei anderen bewirken und was sich hinter ihnen verbirgt. Auch eine Selbstanalyse hat ihre Grenzen. In schwierigen Situationen kann es aber nützen zu verstehen, weshalb man selbst bestimmte Abwehrmechanismen in einer bestimmten Situation einsetzt und weshalb andere das tun.

Dies ist in erster Linie ein Buch für Psychotherapeuten. Es kann aber auch von psychotherapeutischen Laien gelesen werden. Lesern, die gar keine Vorkenntnisse haben, empfehle ich die Lektüre meines Buches »Kleine psychoanalytische Charakterkunde«, die auch eine Einführung in zentrale Bereiche der Psychoanalyse darstellt und ein Glossar der wichtigsten psychoanalytischen Fachausdrücke enthält.

ERIKA DZIMALLE und ELISABETH WILDHAGEN, die mehrere Versionen des Manuskripts für dieses Buch geschrieben haben, danke ich wieder für die gute Zusammenarbeit. Ich danke auch allen Kolleginnen und Kollegen, mit denen ich diskutieren konnte, besonders FALK LEICHSENRING, der das Manuskript gelesen und Verbesserungsvorschläge gemacht hat, denen ich gefolgt bin. Meiner Frau und meinem Sohn danke ich wieder für Anregungen und für Geduld.

Einleitung

Das Konzept der Abwehr gehört zu den kliniknahen Konzepten der Psychoanalyse. Es bezieht sich auf Phänomene, die zu *beobachten* oder relativ leicht zu erschließen sind. Abwehrmechanismen haben eine hohe, nicht nur klinische Bedeutung. Jeder Mensch, ob er sich in einer Therapie befindet oder nicht, setzt Abwehrmechanismen dauernd ein. Ein Leben ohne Abwehrmechanismen ist nicht denkbar.

In diesem Buch will ich die Abwehr aus der Sicht des Klinikers darstellen, der Manifestationen von Abwehrmechanismen in ihren *innerpsychischen* und *interpersonellen* Auswirkungen entweder vom Patienten berichtet bekommt oder sie in der Beziehung zu ihm selbst und, in der Paartherapie und der Gruppentherapie, auch in den Beziehungen der Patienten untereinander beobachten kann.

Im folgenden will ich einige theoretische Grundannahmen darlegen, die im ganzen akzeptiert sind und das Verständnis der Abwehrphänomene erleichtern.

Die Abwehrmechanismen kann man zu den *Funktionen des Ich* rechnen. An sich kann auch jede andere Ich-Funktion (z.B. BELLAK et al. 1973, HEIGL-EVERS et al. 1993) zum Zweck der Abwehr eingesetzt werden. Ich-Funktionen sind zum Beispiel Realitätsprüfung, Impulskontrolle, Affekttoleranz.

Manchmal erhält eine Ich-Funktion, die zum Zweck

der Abwehr eingesetzt wird, einen neuen Namen. Zum Beispiel nennt man die Ich-Funktion des Abstrahierens, wenn sie zu Abwehrzwecken eingesetzt wird, *Intellektualisieren*. Mehrere Abwehrmechanismen können, auch zusammen mit Ich-Funktionen im engeren Sinn, eine »Abwehrformation« bilden (HOFFMANN 1987).

FREUD (1926) nahm ursprünglich an, daß Abwehrmechanismen immer durch Angst ausgelöst würden. BRENNER (1982) vermutet, daß auch depressive Affekte Abwehrmechanismen auslösen können, HOFFMANN (1987) postuliert das für die Kränkung, WURMSER (1990) für die Scham. Wahrscheinlich gilt es für alle Affekte und Stimmungen.

Mit HOFFMANN (1987) sehe ich eine Chance einer Weiterentwicklung in der Ausdifferenzierung von Definitionen der Abwehrphänomene. Die funktionalen Zusammenhänge zwischen Abwehr und Affekt (z.B. KRAUSE et al. 1992) sind sicher noch nicht ausreichend untersucht. Weiter sollte man den *Auswirkungen* von Abwehrvorgängen gerade im klinischen Bereich noch mehr Aufmerksamkeit widmen, auch in vielen Bereichen der somatischen Medizin. Zum Beispiel gilt das für die Aufklärung krebskranker Patienten: Soll man Leugnungen durch den Patienten in Frage stellen oder unhinterfragt lassen? Hier haben Psychotherapeuten und somatische Ärzte einen erheblichen Forschungs- und Diskussionsbedarf. Leugnung einer Krankheit oder ihrer Schwere kann bewirken, daß ein Patient sich nicht an die ärztlichen Verordnungen hält, sie kann aber auch das Leben verlängern, zum Beispiel durch die Vermeidung von Streß, der das Immunsystem lähmen und damit die Wahrscheinlichkeit eines Krebsrezidivs erhöhen könnte. Auch *durch Abwehr verzerrte Beurteilungen*, zum Beispiel das Überschätzen einer Überlebenschance, können so eine lebensverlängernde Funktion haben; zumindest können sie die Lebensqualität eines Patienten verbessern, indem sie Angst vermindern und Hoffnung ermöglichen.

Andererseits gehen manche Patienten mit den Ärzten eine Kollusion des bewußten Verleugnens ein – eigentlich wissen sie doch, wie es um sie steht. Sie *tun nur so*, als wüßten sie es nicht, weil sie annehmen, daß dies den Umgang mit dem Arzt erleichtert, der vielleicht Gefühle von Hoffnungslosigkeit oder Verzweiflung nicht miterleben möchte.

In diesem Buch wird an verschiedenen Stellen von der *projektiven Identifizierung* die Rede sein. Hier handelt es sich um eine Kombination von innerpsychischen und interpersonellen Vorgängen. Bei der projektiven Identifizierung wird der Andere so beeinflußt, daß er bestimmte Erwartungen erfüllt. Projektive Identifizierung kann zum Beispiel eingesetzt werden, um innere Konflikte in der Außenwelt zu inszenieren, was die Innenwelt entlastet, die Beziehungen aber oft belastet. Bei der projektiven Identifizierung handelt es sich um ein ganz zentrales klinisches Konzept, dessen Bedeutung stetig wächst, um so mehr, je genauer man die mit der projektiven Identifizierung verbundenen Phänomene kennenlernt.

Dysfunktional sind besonders jene Abwehrmechanismen, die in ihrer Qualität dem Alter der entsprechenden Person nicht mehr entsprechen, sondern dem Kindes- oder Jugendlichenalter entstammen. VAILLANT (1977) untersuchte männliche Havard-Absolventen und fand eine positive Korrelation zwischen beruflichem und privatem Erfolg und dem *Reifegrad* der verwendeten Abwehr.

Andererseits gibt es Gesellschaften, in denen der persönliche und berufliche Erfolg beim Einsatz weniger reifer Abwehrmechanismen größer ist. Das gilt wahrscheinlich für viele sogenannte primitive Gesellschaften. Aus einer solchen Position heraus kann auch die Äußerung verstanden werden, »Die Weißen denken zu viel« (PARIN und PARIN-MATTHEY 1963). Die Weißen setzen Ich-Funktionen, aber auch Abwehrmechanismen ein, zum Beispiel den der Isolierung vom Affekt, die eine *objektivere* Beurteilung von Sachverhalten ermöglichen, mit denen die Angehörigen einer sogenannten primitiven Gesellschaft *in ihrer Gesellschaft* unter Einsatz von Phantasie und primärprozeßhaftem Denken *erfolgreicher* umgehen würden.

Die sozialen Folgen des Einsatzes bestimmter Ich-Funktionen und Abwehrmechanismen führen dazu, daß deren Einsatz durch ein Antizipieren dieser Folgen mit gesteuert wird. Oft kommt es auch zu einem »Ausprobieren«. STEFFENS und KÄCHELE (1988, S. 6) schreiben (im Zusammenhang mit dem Coping): »... ändern sich die situativen Außen- oder Innenbedingungen, müssen passende Strategien gefunden werden, die im Einklang mit den Sicherheitsbedürfnissen der Person stehen. Dazu ist eine andauernde Abschätzung der inneren wie der äußeren Realität erforderlich«.

Nützlich ist es, wenn Abwehrmechanismen, die eine adaptive Funktion haben, nicht mehr eingesetzt werden, sobald sich die Situation geändert hat. So weisen STEFFENS und KÄCHELE darauf hin, daß das Leugnen einer malignen Erkrankung vor einer Affektüberflutung schützen kann, die zu unzweckmäßigem Handeln führen würde. Um zweckmäßige Bewältigungsstrategien zu finden, muß der Kranke sein Leugnen in der Folge aber einschränken und sich mit der Diagnose langsam vertraut machen. Er kann sonst nicht differenzierte Bewältigungsstrategien finden, auswählen und ausprobieren.

Der Kranke ist nicht nur mit seiner Krankheit konfrontiert, sondern auch mit Menschen, deren Aufgabe es ist, mit ihm in der Bewältigung der Krankheit zusammenzuarbeiten. Diese Menschen haben bestimmte Erwartungen an das Verhalten des Kranken, die von ihm bei der Auswahl von Bewältigungsstrategien in irgendeiner Form in Rechnung gestellt werden. Die Auswahl von Abwehrmechanismen und Anpassungs*mechanismen* (im Unterschied zu den Anpassungs*strategien*) geschieht unbewußt, aber nicht ohne daß die Information über die Normen und

Werte im sozialen Feld und die persönlichen Erwartungen der helfenden Personen vom Vorbewußten oder Gegenwartsbewußten (im Unterschied zum Infantilen Unbewußten, SANDLER und SANDLER 1985) berücksichtigt werden. Bei der bewußten Auswahl von Bewältigungs*strategien* findet die Auswahl gleichsam eine Etage höher statt, steht aber auch unter dem Einfluß des Gegenwartsunbewußten, wahrscheinlich sogar des infantilen Unbewußten, das auf dem Wege über das Gegenwartsunbewußte wirksam wird. Natürlich wirken Abwehrmechanismen auch auf die Wahl und Anwendung der bewußt ausgewählten und eingesetzten Bewältigungsstrategien.

Neben den zentralen Beziehungswünschen (KÖNIG 1988, 1991, 1993b), der Selbstrepräsentanz und den inneren Objektimagines (KERNBERG 1988) bestimmen Abwehrkonfigurationen den *Charakter*, wobei unter Charakter hier das für eine Person charakteristische Erleben und Verhalten verstanden wird. Einzelne Charakter*typen* (z.B. HOFFMANN 1979, KÖNIG 1992b, RIEMANN 1976) können danach unterschieden werden.

Letztlich kann *alles* zu Abwehrzwecken eingesetzt werden (s.a. HOFFMANN 1987). Ein Beziehungswunsch kann einen anderen abwehren. Der Wunsch, in einer interpersonellen Beziehung versorgt zu werden, kann den Wunsch abwehren, in der Beziehung zu schaden. Durch schädliche Überversorgung setzt sich dann der Wunsch zu schaden vielleicht dennoch durch.

Eine Psychoanalyse, die es vor allem darauf abgesehen hat, Unbewußtes bewußt zu machen und dem bewußten Ich bisher unbewußte Ich-Anteile anzugliedern – FREUD (1933, S. 86) verglich das mit dem Trockenlegen der Zuidersee – wird alles für hinderlich halten, was Unbewußtes im Unbewußten hält und die unbewußten Ich-Anteile gegen die bewußten abgrenzt. Andererseits könnte das Ich seine Aufgabe nicht erfüllen, und es könnte schon gar nicht eine »Trockenlegung der Zuidersee« im Bündnis mit einem Analytiker in Angriff nehmen, wenn es nicht imstande wäre, sich gegen das Unbewußte abzugrenzen und Impulse aus dem Unbewußten nur dosiert zuzulassen. Abwehrmechanismen, die zu Widerstandszwecken eingesetzt werden, geben dem Patienten die Möglichkeit, die Geschwindigkeit des therapeutischen Prozesses zu beeinflussen und seinen Toleranzgrenzen anzupassen. Auch viele Tätigkeiten in einer Hochzivilisation, zum Beispiel wissenschaftliche Forschung, differenzierte Rechtssprechung, Organisieren und Planen zum Erreichen mittel- und langfristiger Ziele wären ohne diese Möglichkeit der Abgrenzung des Ich nicht denkbar, weil das Denken gestört würde. An jeder solcher Abgrenzung sind Abwehrmechanismen beteiligt.

Das bewußte Ich muß sich nicht nur gegen Impulse und Affekte abgrenzen, manchmal auch gegen Stimmungen, sondern ebenso gegen den Denkstil des Primärprozesses. Dieser Denkstil kann uns helfen, kreativ zu sein, wenn das primärprozeßhaft Gedachte mit sekundärprozeßhaftem Denken bearbeitet und verarbeitet wird. Verdichtung und Zeitlosigkeit können im künstlerischen Schaffensprozeß einen Platz haben. Erst bei sekundärprozeßhafter Weiterverarbeitung werden sie aber fruchtbar. Im kreativen Produzieren wirken Primärprozeß und Sekundärprozeß zusammen. Das sekundärprozeßhafte Denken geht dem primärprozeßhaften Denken oft voraus. Der vielzitierte Traum oder Tagtraum von KEKULÉ führte nur deshalb zur Entdeckung des Benzolringes, weil KEKULÉ sich Fragen stellte, die er sich ohne sein Wissen als Chemiker und ohne seine vorangegangenen Untersuchungen über das Benzol nicht hätte stellen können.

Als die Psychoanalyse noch als Archäologie der Einzelperson, als eine Einpersonen-Psychologie aufgefaßt wurde, war die Lehre von den Abwehrmechanismen mit der Ich-Psychologie eng verbunden. Zwar berücksichtigte ANNA FREUD schon 1936 die Auswirkungen von Abwehrmechanismen in Beziehungen – und sie tat das später zunehmend in England, dem Ursprungsland der Objektbeziehungstheorie, gegen die sie sich andererseits abgrenzte (so z.B. SANDLER mit ANNA FREUD 1985). *Eigentlich ging es ihr aber doch mehr darum, was in Beziehungen Abwehr auslöst und weniger darum, was Abwehr in Beziehungen bewirkt.* Inwiefern und inwieweit der Einsatz von Abwehrmechanismen Beziehungen *verändert*, haben sich Objektbeziehungstheoretiker wie FAIRBAIRN (1952) und GUNTRIP (1968, 1973) gefragt, aber auch HARTMANN (1975) hat sich damit beschäftigt. Spätestens seit HARTMANN unterscheidet man allgemein zwischen autoplastischer und alloplastischer Anpassung. Autoplastisch paßt sich an, wer sich selbst verändert, um in Beziehungen zurechtzukommen. Alloplastische Anpassung geschieht dann, wenn ein Mensch sich über die Beeinflussung seiner Umwelt bessere Lebensbedingungen schafft. Wer im Leben zurechtkommen will, braucht dazu beide Formen der Anpassung. Die einseitig autoplastische Anpassung führt oft zu psychischen und psychosomatischen Erkrankungen, die einseitig alloplastische Anpassung zu Schwierigkeiten in Beziehungen und auf diesem Wege dann auch wieder zu Erkrankungen. KREISCHE (1995) hat letzteres an Patientinnen und Patienten in Paartherapie und Gruppentherapie gezeigt.

Abwehrmechanismen bewirken autoplastische Anpassung. Sie können aber auch dazu führen, daß sich eine alloplastische Anpassung vollzieht, zum Beispiel, indem die Interessen anderer geleugnet werden, oder, wie bei der *Isolierung vom Affekt*, indem eine objektivere Beurteilung der Situation möglich wird, ohne daß eigene Affekte das Bild verzerren und die so gewonnenen Informationen dann verwendet werden, um andere zu beeinflussen. Die projektive Identifizierung bewirkt alloplastische Anpassung unmittelbar.

Abwehrmechanismen und ihre Auswirkungen

Verdrängung – der »einfachste« Abwehrmechanismus

Was wir erleben und denken, bleibt nicht kontinuierlich im Bewußtsein. Unser Bewußtsein könnte man mit einer Bühne vergleichen, wo immer wieder Akteure auftreten und wieder abtreten. Im Prinzip kann ein jeder Akteur wiederkommen, er bleibt gleichsam in den Kulissen und wartet auf sein Stichwort. Was im Bewußtsein war, kann bewußtseinsfähig bleiben. Man kann es dann wieder leicht in das Bewußtsein zurückrufen.

Andere Akteure verschwinden, wenn sie die Bühne verlassen haben und können nicht zurückgerufen werden. Sie »bleiben nicht im Gedächtnis«, sondern werden vergessen. Nur ein Teil dessen, was im Bewußtsein präsent war, wird im Gedächtnis gespeichert, und was im Gedächtnis gespeichert wird, kann immer noch wieder daraus verschwinden. Die Wahrscheinlichkeit, daß man etwas erinnern kann, nimmt so mit der Zeit ab. Sie ist größer, wenn es sich um frühere Gedächtnisinhalte handelt, die als eindrucksvoll erlebt wurden, als wenn es sich aus der Sicht des eigenen Erlebens um Belanglosigkeiten handelt.

In den Prozeß des Vergessens und sich Erinnerns greift nun die *Verdrängung* ein. Sie schließt Akteure, die unangenehme Gefühle hervorriefen, als sie auf der Bühne waren, vom Wiederauftreten aus. Aber auch Akteure, auf die das nicht zutrifft, können vom Wiederauftreten ausgeschlossen werden, wenn ihr Auftreten *jetzt* unangenehme Gefühle hervorrufen würde. Außerdem können Gedächtnisinhalte ausgeschlossen werden, die eine Verbindung zu etwas gegenwärtig Unangenehmem haben. Zum Beispiel kann es passieren, daß man den Namen eines Menschen nicht erinnert, über den man sich gerade ärgert. Auch kann ein Mensch, mit dem man in der Gegenwart umgeht, ohne daß er einem Anlaß für unangenehme Gefühle geben würde, eine im aktuellen Kontext belanglose Ähnlichkeit mit einem anderen Menschen haben, der solchen Anlaß bot. Dieser Zusammenhang kann unbewußt bleiben. Dennoch wird er wirksam, und man erinnert den Namen des Menschen nicht, mit dem man in der Gegenwart umgeht.

Manche Gedächtnisinhalte können nicht erinnert werden, obwohl ihr Wiedererscheinen keine unangenehmen Gefühle hervorrufen würde. Das wäre aber in der Vergangenheit, etwa in der Kindheit, der Fall gewesen. So kann ein Erwachsener Wünsche aus dem Bewußtsein ausschließen, die ihm als Kind immer abgeschlagen wurden. Sie führten deshalb zu unangenehmen Gefühlen der Enttäuschung, die durch ein Blockieren dieser Wünsche vermieden wurden. Dem Erwachsenen würden sie aber nicht abgeschlagen. Das Blockieren dieser Wünsche ist also für den Erwachsenen nicht realitätsgerecht, das war es für ihn als Kind. Es gehört zu den zentralen Aufgaben der Erwachsenenpsychotherapie, Blockierungen aufzuheben, die nicht mehr realitätsgerecht sind. In der Regression werden kindliche Wünsche wiederbelebt, und der Erwachsene kann nun lernen, anders mit ihnen umzugehen, als er das in seiner Kindheit getan hat.

Erinnerungen und Wünsche werden nicht nur verdrängt. Es gibt eine ganze Reihe weiterer Abwehrmechanismen, die bewirken können, daß Erinnerungen und Wünsche nicht ins Bewußtsein treten, zumindest nicht in ihrer ursprünglichen Form. Von ihnen wird noch die Rede sein.

FREUD unterschied Verdrängung, die während der Kindheit stattfindet, und Verdrängung nach dem Modell und im Gefolge dieser »Urverdrängung«. In der Kindheit werden durch die Urverdrängung relevante Inhalte in das Unbewußte verlagert. Inhalte, die ihnen ähnlich sind, fallen auch später der Verdrängung anheim. Man könnte sagen, daß ein während der Kindheit verdrängter Inhalt jene Inhalte »ansaugt«, die ihm ähnlich sind.

Der Terminus Verdrängung ist in die Alltagssprache übergegangen und hat dabei seine Bedeutung verändert. Wenn jemand sagt, daß er etwas »verdrängt«, meint er damit, daß Inhalte aus dem Bewußtsein entfernt wurden, um unangenehme Gefühle zu vermeiden.

Unter der Bezeichnung *deskriptiv unbewußt* faßte FREUD das Unbewußte und das Vorbewußte zusammen. SANDLER und SANDLER et al. (1985) nehmen, wie schon erwähnt, eine Unterteilung in das *Infantile Unbewußte* und das *Gegenwartsunbewußte* vor. Das Infantile Unbewußte enthält Erinnerungen und Wünsche der Kindheit in ihrer ursprünglichen, »infantilen« Form. Zwischen dem Infantilen Unbewußten und dem Gegenwartsunbewußten vermuten SANDLER und SANDLER eine erste Abwehrschranke. Wenn Inhalte aus dem infantilen Unbewußten in das Gegenwartsunbewußte vordringen, werden sie dort abgefangen. Das besorgt ein zweiter »Zensor«, also eine weitere Abwehrschranke zwischen dem Gegenwartsunbewußten und dem Bewußten. Bewußtseinsfähige Inhalte läßt der Zensor dann nach einer Überprüfung passieren, andere blockiert er, und wieder andere verändert er unter Einsatz von Abwehrmechanismen so, daß sie oder ihre Abkömmlinge bewußtseinsfähig werden. Das Gegenwartsunbewußte berücksichtigt dabei, allerdings nur teilweise, die

Situation des betreffenden Menschen. Dazu gehört, daß eingeschätzt wird, ob ein bestimmter Inhalt *in Sicherheit* (vgl. WEISS und SAMPSON 1986) erlebt werden kann. Zum Beispiel enthalten schon die manifesten Inhalte eines Traums, nicht nur die erschließbaren Inhalte, oft mehr aggressives oder sexuelles Material als im Wachzustand in das Bewußtsein zugelassen würde. Im Schlaf ist eben die Motorik weitgehend ausgeschaltet, so daß zum Beispiel aggressive Phantasien nicht unmittelbar umgesetzt werden können, selbst wenn sie einer Person gelten, die sich im gleichen Bett befindet.

Es kann aber geschehen, daß Wünsche und Erinnerungen aus der Kindheit vom Erwachsenen zugelassen werden könnten, zumindest in einer dem Erwachsenen gemäßen Form. Der Zensor des Gegenwartsunbewußten erkennt das aber nicht, und die Wünsche bleiben deshalb blockiert. Das Gegenwartsunbewußte hat dann die Situation nicht zutreffend beurteilt.

Verdrängung und Unterdrückung – analoge Vorgänge auf verschiedenen Ebenen

Alle Abwehrmechanismen, die Triebwünsche blockieren, beeinflussen die allgemeine Reaktionsbereitschaft. Wer orale oder sexuelle Triebwünsche *verdrängt*, hat in seinem Wunscherleben eine sogenannte *Lücke* (CREMERIUS 1968), die sich in seinen Wahrnehmungen und seinen Reaktionen ausdrückt. Er wird bestimmte Wünsche nicht empfinden und deshalb übersehen, was diese Wünsche befriedigen könnte. Eine sexuell attraktive Person wird nicht als attraktiv erlebt, wenn die sexuellen Wünsche des Beobachters blockiert sind. Der Betreffende beobachtet, daß andere Menschen auf eine Person, die Merkmale sexueller Attraktivität hat, mit Interesse und Zuwendung reagieren. Er kann das aber nicht einfühlen. Der Mensch, dessen sexuelle Wünsche blockiert sind, nimmt Beziehungen nicht auf, die er sonst vielleicht aufnehmen würde, oder er geht mit Menschen völlig unbefangen um, die ihn verlegen machen würden, wenn er in ihrer Gegenwart sexuelle Wünsche empfände.

Die Verdrängung als unbewußt ausgelöster und unterhaltener Abwehrmechanismus hat ihre bewußte Entsprechung in der *Unterdrückung* (Suppression, z.B. BRENNER 1976). So kann ein Arzt, der eine attraktive Patientin körperlich untersucht, sexuelle Wünsche bewußt unterdrükken, um seiner Rolle als Arzt gerecht zu werden. Er schützt sich so vor der Gefahr, »aus der Rolle zu fallen«, mit den entsprechenden Folgen für die Patientin und für ihn selbst. Während die Verdrängung durch das unbewußt bleibende Angstsignal ausgelöst wird, fordert die Unterdrückung einen Willensakt. Die Unterdrückung erfolgt ins Vorbewußte. Das Unterdrückte kann sich dann in einer Fehlleistung äußern, zum Beispiel, wenn man einem schwierigen Patienten, über den man sich sehr ärgert, bei der Begrüßung statt »Guten Tag« »Auf Wiedersehen« sagt. Man möchte, daß die Stunde schon vorbei sei. Das drückt sich darin aus, daß die Abschiedsformel als Grußformel verwendet wird.

Unterdrücktes kann meist leicht erinnert werden, jedenfalls dann, wenn das »in Sicherheit« (WEISS und SAMPSON 1986) möglich ist, zum Beispiel am Ende eines Arbeitstages mit Patienten.

Auch Unterdrückung kann ganz überwiegend oder ausschließlich innerpsychische Ursachen haben. So kann jemand Phantasien unterdrücken, weil sie mit seinem Gewissen nicht vereinbar sind. C.G. JUNG (1987) berichtet in seiner Autobiographie über eine Tagesphantasie, die er als Kind hatte: Er stellte sich das Baseler Münster vor, darüber Gott. Dann »verbot« er sich, weiterzudenken. Als er später dennoch weiterdachte sah er, daß Gott einen Kotball auf das Münster fallen ließ, das darunter zusammenbrach. Dieses »Weiterdenken« löste dann heftige Schuldgefühle bei ihm aus.

Introjektion und Identifizierung – Mittel zum Aufbau der Persönlichkeit

Die Begriffe *Introjektion* und *Identifizierung* wurden von ANNA FREUD zunächst synonym verwendet (A. FREUD in SANDLER mit A. FREUD 1985). Heute bezeichnet Introjektion meist das Errichten der inneren Repräsentanz einer Person, von der das Kind sich trennt oder von der es verlassen wird oder die zu ihm auf Distanz geht. Von der Vorstellung, die im Aktuellen entsteht, wenn man mit einer Person umgeht, unterscheidet sich eine innere Repräsentanz dadurch, daß sie aus Gedächtnisinhalten aufgebaut ist und nicht aus momentanen Eindrücken. Das Kind erwirbt die Fähigkeit, ein solches inneres Bild aufzubauen, erst allmählich. Vorher scheinen für das Kind Personen (zum Beispiel die Mutter) während ihrer Abwesenheit nicht zu existieren.

Introjektion, die durch Trennungen ausgelöst wird, ist ein ubiquitärer Vorgang in der Entwicklung einer jeden Person. Es geschieht in jeder normalen Entwicklung eines Menschen, daß die Mutter in späteren Lebensabschnitten nicht mehr eine so enge und kontinuierliche Beziehung zu ihm unterhält wie zum ganz kleinen Kind. Hat eine solche Beziehung freilich nie bestanden, kommt es auch nicht zur vollen Introjektion. Eine Voraussetzung der Introjektion eines Objekts ist eben eine Beziehung zu ihm. Es kommt dann zur Entwicklung *dysfunktionaler* Objektrepräsentanzen, die auf den Wahrnehmungen des Kindes in seiner Umwelt und seiner inneren Welt basieren.

Introjektion ermöglicht das Entstehen von Objektkonstanz. Unter Objektkonstanz wird hier die Fähigkeit verstanden, zu einer abwesenden Person eine Beziehung aufrechtzuerhalten, weil ein inneres Bild dieser Person entstanden ist und sie repräsentiert.

Eine *Identifizierung* mit einem Objekt geschieht auf der Grundlage einer positiven Beziehung zu ihm (z.B. STIERLIN 1971). FREUD (1921) hatte ursprünglich angenommen, daß der kleine Junge sich in der ödipalen Phase seiner Entwicklung mit dem Vater identifiziert, weil er sich ihm unterwerfen muß. Der Junge sieht ein, daß er den Vater nicht besiegen kann; dann möchte er zumindest so sein wie er. Heute wird allgemein angenommen, daß Identifizierungsvorgänge schon vor der ödipalen Phase stattfinden und daß sich Jungen wie Mädchen zunächst mit der Mutter identifizieren. Das heißt auch, daß sie so sein möchten wie die Mutter. Entwicklungsaufgabe des Mädchens ist es, eine positive Beziehung auch zum Vater als einem Urbild des männlichen Partners herzustellen, später aber zwischen dem Vater und anderen Männern zu differenzieren. Differenziert das Mädchen nicht, kommt es zu Hemmungen im Bereich seiner Sexualität, weil das Inzesttabu die Verwirklichung sexueller Phantasien verhindert.

Der Junge muß sich aus der Identifizierung mit der Mutter lösen und eine Identifizierung mit dem Vater erreichen, was aber nur möglich ist, wenn ein Vater oder eine männliche Ersatzperson zur Verfügung steht und die Beziehung zu ihm positive Aspekte enthält. Enthielte sie nur negative Aspekte, könnte sich der Junge nur mit einem Gegenbild des Vaters oder überhaupt nicht mit Männern identifizieren.

Auch später sind Identifizierungen möglich und notwendig. Sie erleichtern zum Beispiel die Übernahme sozialer Rollen, etwa einer Berufsrolle auf der Basis eines Lehrer-Schüler- oder Meister-Lehrling-Verhältnisses. In der Adoleszenz identifizieren sich Jungen und Mädchen mit Gleichaltrigen oder mit Erwachsenen außerhalb der Familie. Das ermöglicht erst die Ablösung aus der Primärfamilie.

Man kann zwischen dauerhaften und vorübergehenden Identifizierungen unterscheiden. Vorübergehende Identifizierungen müssen keine dauerhaften Folgen haben. Zum Beispiel kann sich jemand mit einer Person in einem Film oder Theaterstück identifizieren. Er oder sie erlebt dann den Film oder das Theaterstück aus der Perspektive der Figur, mit der die Identifizierung erfolgte. Nicht nur das Erleben wird übernommen, die Person, die sich mit einer anderen identifiziert, zeigt auch nonverbale Verhaltensweisen dieser anderen Person. Zum Beispiel kann man beobachten, daß Männer, die nach einem Cowboyfilm das Kino verlassen, den Gang von Cowboys angenommen haben. Manchmal stecken sie auch die Daumen in den Gürtel, wie die Cowboys im Film das tun. Identifikationsbedingtes Erleben und Verhalten bleiben hier meist nur kurze Zeit bestehen, vielleicht nur Minuten.

Dauerhafte Identifizierungen führen hingegen dazu, daß sich jemand an seinem Erleben und seinem Verhalten dem Objekt angleicht, mit dem er oder sie sich identifiziert hat, und das spezifische Erleben und Verhalten lange Zeit beibehält, vielleicht ein ganzes Leben lang.

Zu raschen Identifizierungen neigen besonders Menschen, die noch keine feste eigene Identität ausgebildet haben. Das gilt für Kinder und Adoleszente, aber auch für Erwachsene, die aufgrund einer Entwicklungsstörung nicht über eine kohärente eigene Identität verfügen. GREENSON (1975, S. 258f) berichtet über eine Patientin, die während der Erstkonsultation bei ihm nicht rauchte und sich als Nichtraucherin bezeichnete. In der nächsten Stunde aber rauchte sie, und zwar Zigaretten der gleichen Marke wie GREENSON. GREENSON nahm diese rasche Identifizierung unter anderem als Hinweis auf eine Störung der Identitätsentwicklung, was sich im weiteren Verlauf bestätigte.

Als-ob-Persönlichkeiten identifizieren sich nicht mit anderen Personen, sondern mit den *Erwartungen* anderer. Sie »sind so, wie man sie haben will«. Diese Tendenz zur Identifizierung mit den Erwartungen anderer kann stark oder schwach ausgeprägt sein. Bei *hysterischen Persönlichkeiten* läßt sich die Identifizierung mit den Erwartungen anderer oft schwer von einem schauspielerhaften Rollenspiel unterscheiden. Der Betreffende oder die Betreffende verhält sich den Erwartungen entsprechend, um gemocht oder anerkannt zu werden, was oft dazu führt, daß sie in verschiedenen Beziehungen verschiedene Rollen »spielen«, die sich inhaltlich widersprechen.

Das ist allerdings nicht unvereinbar damit, daß jemand doch eine eigene Identität entwickelt hat, die er aber verbirgt. Als-ob-Persönlichkeiten identifizieren sich mit den Erwartungen anderer und füllen damit ein *Identitätsvakuum* aus, was dazu führen kann, daß sie ihre Identität rasch wechseln. Die Identitäten, die dadurch entstehen, sind allerdings doch stabiler als bei hysterisch strukturierten Menschen, die sich so verhalten, wie man sie *gerade* haben will, was den Eindruck erwecken kann, daß Als-ob-Persönlichkeiten gesünder sind als jene hysterischen Menschen. Das Gegenteil ist der Fall. Zwar verhalten sie sich in Beziehungen konstanter, ihre Identität ist aber nicht Ausdruck einer integrierten Persönlichkeit.

Ein solches Verhalten ist manchmal schwer von den Vorgängen zu unterscheiden, die in der Adoleszenz stattfinden, in der ebenfalls Vorbilder gesucht werden, mit denen sich der Adoleszente identifizieren kann, die er aber später wieder verläßt, bis sich schließlich aus den Residuen der verschiedenen Identifikationen eine kohärente und stabile eigene Persönlichkeit entwickelt. Gerade das findet aber bei frühgestörten Als-ob-Persönlichkeiten nicht statt. Es kommt nicht zu einer intergrierenden Weiterentwicklung, die Identifizierungen bleiben labil.

Auch bei gesunden Identifizierungen ist oft *Idealisie-*

rung beteiligt. Daß eine Identifizierung aber auch dann beibehalten wird, wenn die Idealisierung aufgegeben werden muß, zum Beispiel deshalb, weil man das Vorbild näher kennenlernt und Informationen über seine negativen Persönlichkeitseigenschaften erhält, ist das Zeichen einer reifen Identifizierung im Unterschied zu einer Identifizierung bei einer Als-ob-Persönlichkeit, für die das Beibehalten der Idealisierung eine unabdingbare Voraussetzung ist, um die Identifizierung aufrechtzuerhalten.

Zeichen einer reifen Fähigkeit, sich zu identifizieren, ist im übrigen auch, wenn jemand sich nicht nur mit Menschen identifizieren kann, die er bewundert, sondern auch mit Menschen, die ein Verhalten zeigen, das er für nachahmenswert hält. So kann ein Lehranalytiker Verhaltensweisen eines Lehranalysanden übernehmen, ohne den zu idealisieren. Zum Beispiel könnte er ein Kleidungsstück kaufen, das der Lehranalysand auch trägt, oder eine Sportart erlernen, die der Lehranalysand betreibt; er könnte Bücher lesen, für die der Lehranalysand sich interessiert, und all das, ohne den Lehranalysanden, etwa als idealen Sohn, zu idealisieren. Im allgemeinen nimmt man an, daß Analysanden den Analytiker nachahmen, und sicher hat das häufiger mit Idealisierung zu tun, als wenn ein Analytiker etwas vom Analysanden übernimmt. Das rührt aus der Rollenasymmetrie in einer Analyse.

Entsprechendes gilt für Identifizierungen mit den eigenen Kindern. Wenn ein Vater sich mit dem Sohn oder eine Mutter sich mit der Tochter identifiziert, kann das durchaus Ausdruck einer reifen und unabhängigen Persönlichkeit sein, aber auch Zeichen einer unkritischen Idealisierung. Unterscheidungen sind meist möglich, wenn man die Art der Beziehung des Vaters oder der Mutter zur Tochter oder zum Sohn genauer untersucht.

Introjektion und Identifizierung dienen dem Aufbau der Persönlichkeit und einem Lernen von anderen Menschen. Auch andere Abwehrmechanismen können positive Auswirkungen haben, zum Beispiel die Isolierung vom Affekt (siehe dort), sie sind aber nicht so unmittelbar an der Persönlichkeitsentwicklung und an der Weiterentwicklung der Persönlichkeit beteiligt. Bis ins späte Erwachsenenalter sind Identifizierungen oft die Grundlage von Lernvorgängen. Wahrscheinlich hat es auch mit Schwierigkeiten der Identifizierung wegen eines zu großen Altersabstands zu tun, wenn alte Menschen nicht mehr so gut lernen können. Sie müßten von Jüngeren lernen, mit denen sie sich schwerer identifizieren können.

Gerade die Betrachtung von Introjektion und Identifizierung, besonders die Betrachtung der Identifizierung, machen deutlich, daß die Unterscheidung zwischen Abwehrmechanismen und Ich-Funktionen im Sinn von BELLAK et al. (1973) doch recht künstlich ist.

Reaktionsbildung – das Gegenteil kommt durch

Bei der *Reaktionsbildung* können Gefühle durch gegenteilige Gefühle niedergehalten werden. So können aggressive Tendenzen unterdrückt werden, indem der Person gegenüber, die einen aggressiv machen könnte, Gefühle besonderer Sympathie oder starken Mitleids erzeugt werden. Die Vorstellung, daß so etwas möglich sei, wirkt auf den ersten Blick eigenartig. Aber auch dieser unbewußte Vorgang hat seine Entsprechung im Bewußten. So kann man beobachten, daß Menschen, die Aggression empfinden, deren Ausdruck mit der Berufsrolle nicht vereinbar wäre – zum Beispiel Angehörige der helfenden Berufe, aber auch Verkäufer oder Flugbegleiter – mit Menschen, die in ihnen Ärger hervorrufen, betont höflich umgehen. Das kann man sich so erklären, daß sie aus der Befürchtung heraus, der Ärger könnte deutlich werden, vor den Ausdruck des Ärgers den Wall eines besonders höflichen oder eben betont freundlichen Verhaltens legen. Bei der Reaktionsbildung findet das im Unbewußten statt. Bewußt sind nur die freundlichen Gefühle. Es gibt auch das Gegenteil: Liebesgefühle können durch Haßgefühle überlagert werden, wenn die Liebesgefühle gefährlich erscheinen.

Reaktionsbildung kann schließlich auch dazu führen, daß notwendige Aggressivität situativ nicht aufgebracht werden kann. So kann ein Arzt, der sadistische Impulse abwehrt, ein besonderes Maß an Mitleid mit seinen Patienten haben und bei der Injektion deshalb »langsam und vorsichtig« stechen, was dem Patienten natürlich mehr weh tut als ein beherzter Pieks. Im Resultat des durch die Reaktionsbildung beeinflußten Handelns bildet sich dann der ursprüngliche Triebimpuls doch noch ab.

FREUD (1908, S. 209) schreibt: »... Charakterzüge sind entweder unveränderte Fortsetzungen der ursprünglichen Triebe, Sublimierungen derselben oder Reaktionsbildung gegen dieselben. Dabei stellen die Reaktionsbildungen »Besetzung gegen die Triebanforderungen« dar (FREUD 1916, 1917, S. 390). In der neuen Folge der Vorlesungen zur Einführung in die Psychoanalyse (FREUD 1932, S. 97) betont er wieder die Bedeutung der Reaktionsbildungen für die Entstehung des Charakters. Es handele sich um »... nie fehlende Beiträge zur Charakterbildung ..., die das Ich zuerst in seinen Verdrängungen, später bei den Zurückweisungen unerwünschter Triebregungen durch normalere Mittel erwirbt«. Unter den normaleren Mitteln könnte man ein bewußtes Gegenreagieren verstehen. Zu den Reaktionsbildungen kommt es in der Auffassung von FREUD (1905, S. 40) während der Latenzzeit unter dem Einfluß des Über-Ich, das in der ödipalen Entwicklungsphase entstanden ist. Heute nimmt man an, daß die Reaktionsbildung früher einsetzt.

Verneinung – das Gegenteil wird behauptet

Bei der *Verneinung* wird ein Sachverhalt negiert. So kann ein Patient, der von einer Frau träumt, sagen: »Sie fragen, wer diese Person im Traum sein kann. Die Mutter ist es *nicht*.« In dem von FREUD (1925, S. 11) gebrachten Beispiel kann man sich natürlich fragen, ob hier die Verneinung, durch die der Patient gerade auf den zutreffenden Sachverhalt hinweist, nicht Elemente eines Kompromisses enthält – eines Kompromisses zwischen dem Wunsch, zu verbergen, daß es sich um die Mutter handelt, und eben dem Wunsch, darauf hinzuweisen.

Formal hat die Verneinung Ähnlichkeit mit der *Reaktionsbildung*. Bei der Reaktionsbildung werden Einstellungen und Gefühle durch gegenteilige ersetzt. Bei der Verneinung wird die richtige Darstellung eines Sachverhalts durch die Behauptung seines Gegenteils ersetzt (»die Mutter ist es nicht«). Ebenso wie die Reaktionsbildung kommt auch die Verneinung besonders häufig bei Menschen mit einer Zwangsstruktur vor.

Drängen verbotene Wünsche an, die bewußt zu werden drohen, können sie zu heftigen Verneinungen führen. Unterdrückt jemand sexuelle Wünsche, kann es sein, daß er in auffälliger Weise betont, keine solchen Wünsche zu haben. Der Unterschied zur Reaktionsbildung liegt darin, daß nicht ein Gefühl oder eine Einstellung durch das Gegenteil ersetzt wird, sondern ein bestimmter Sachverhalt einfach verneint wird (»ich habe keine sexuellen Wünsche«). Eine Reaktionsbildung läge vor, wenn jemand ein begehrtes Liebesobjekt hassen würde. Wenn Gefühle verneint werden, ist das Ziel eine Objektneutralisierung oder eine Selbstneutralisierung. Bei der *Objektneutralisierung* wird ein Interesse an dem Objekt und eine bestimmte affektive Einstellung gegenüber dem Objekt verdrängt beziehungsweise unterdrückt (siehe Verdrängung und Unterdrückung). Das Ergebnis ist, daß der Betreffende das

Objekt als »neutral« erlebt. Entsprechendes gilt für das Erleben des eigenen Selbst. Bei der Verneinung wird oft ein Interesse an dem Objekt als nicht existent dargestellt, obwohl ein solches Interesse latent vorhanden ist und ins Bewußtsein drängt.

Auch die Verneinung ist ein Abwehrmechanismus, der im bewußten Handeln ein Analogon hat. Wer heftig verneint, wessen man ihn gar nicht verdächtigt hat, erweckt leicht den Anschein, das Verneinte sei wahr. Schon bei SHAKESPEARE (Hamlet, 3. Akt, 2. Szene) heißt es: »The lady doth protest too much«, »Die Dame protestiert zu viel«. Bei SHAKESPEARE ist das Verneinen einer Verdächtigung gemeint. In FREUDS Beispiel kann man im übrigen vermuten, daß der Patient annimmt, sein Analytiker würde vermuten, es handele sich bei der Figur im Traum um die Mutter. Er verneint, ehe die Vermutung ausgesprochen worden ist.

Manche Menschen neigen dazu, sich die Schuld an allem und jedem zuzuschreiben. Wenn sie etwas, was sie selbst verurteilen, tatsächlich nicht getan haben, *könnten* sie es doch getan haben. So werden sie zum Beispiel rot, wenn bekannt wird, daß etwas geklaut worden ist. Im psycho-somatischen Bereich ist die *Erythrophobie* ähnlich strukturiert. Das Erröten ohne bewußte Ursache nimmt beim Erythrophoben oft eine Verdächtigung vorweg. Auf der unbewußten Ebene heißt es: »Der andere *vermutet*, ich sei so wie mein Vater (oder wie meine Mutter), mit dem (mit der) ich identifiziert bin«. Bei der Erythrophobie ist die Identifizierung oft mit einem Elternteil erfolgt, dessen Verhaltens zu Hause man sich in der Öffentlichkeit hätte schämen müssen (KÖNIG 1981, 4. Aufl. 1993).

Selbstverständlich ist eine Verneinung im Sinne FREUDS kein *Beweis* dafür, daß das Verneinte zutrifft. Es kann jemand mit Recht erwarten, der Analytiker würde eine bestimmte unzutreffende Deutung bringen. Es gibt ja Analytiker, die in ihren Interpretationen Steckenpferde reiten und zum Beispiel regelmäßig annehmen, in den Träumen würden Mutter oder Vater oder sie selbst auftauchen und nicht auch andere Personen, mit denen der Patient umgeht oder in der Vergangenheit umgegangen ist.

Wendung der Aggression gegen die eigene Person – wenn andere geschont werden sollen

Es gibt Abwehrmechanismen, die das Ich eines Menschen vor Affekten und Stimmungen schützen, die es nicht ertragen kann, und Abwehrmechanismen, die verhindern, daß im Ich Impulse entstehen, mit denen es als Mittler zwischen Innenwelt und Außenwelt nicht sozialadäquat umgehen kann. Dazu gehören Abwehrmechanismen, die das interpersonelle Feld von Störungen freihalten.

Der Prototyp eines Abwehrmechanismus, der das interpersonelle Feld aggressionsfrei hält, ist die *Wendung der Aggression gegen die eigene Person*. Aggressive Impulse werden gegen das Selbst gerichtet und treffen so nicht das Objekt, dem sie ursprünglich galten.

Die Wendung der Aggression gegen die eigene Person kommt je nach Persönlichkeitsstruktur in verschiedenen Varianten vor. Bei einem *Depressiven* beispielsweise ist sie anders ausgeformt als etwa bei einem Menschen mit einer phobischen Charakterstruktur.

Der Depressive leidet unter den Vorwürfen, die er sich macht. Sie beeinträchtigen sein Selbstwertgefühl und erhöhen es nur, dann aber latent, wenn eine Depression wahnhafte Züge annimmt und jemand glaubt an »allem« schuld zu sein. Wäre er wirklich an *allem* schuld, müßte er omnipotent sein und es von ihm allein abhängen, was in der Welt oder in einer Beziehung geschieht. Dann kann das auf eine seltsam anmutende Weise die eigene Bedeutung erhöhen.

Ob der depressive Affekt eine Erscheinungsform der

Wendung der Aggression gegen das Selbst sein kann oder ob er die Folge eines bis zur Hilflosigkeit verminderten Selbstwertgefühls und Selbstvertrauens ist (vgl. SELIGMAN 1986), halte ich für unentschieden. Für gesichert halte ich, daß ein Depressiver Aggression vor allem dann gegen sich selbst richtet, wenn er Objekte, die Aggression hervorrufen, auf keinen Fall verlieren möchte, weil er sich existentiell auf sie angewiesen fühlt.

Ein Mensch mit einer *phobischen* Charakterstruktur ist auf Menschen angewiesen, weil er sie als sogenannte steuernde Objekte (KÖNIG 1981) oder als Schutzfiguren (HOFFMANN und HOCHAPFEL 1995) braucht und weil er es nicht gelernt hat, aggressive Impulse in einer Beziehung in einer sozialadäquaten Weise manifest werden zu lassen. RICHTER (1972) sprach von den Familien, in denen solche Menschen aufwachsen, als »Sanatoriumsfamilien«, in denen man einander um fast jeden Preis schont.

Wendet ein Mensch mit einer phobischen Struktur Aggression gegen das Selbst, muß ihn das nicht depressiv machen. Er macht sich auch nicht in jedem Fall Vorwürfe. Oft erleichtert es ihn, wenn er einen Grund findet, sich selbst als die Ursache eines interpersonellen Problems anzusehen, weil ihm das eben erspart, einem anderen Vorwürfe zu machen, was einen interpersonellen Konflikt auslösen könnte.

Viele Menschen mit einer phobischen Charakterstruktur halten sich ihr Harmoniebedürfnis zugute und meinen, alle Menschen sollten so sein wie sie. Darin ähneln sie den Menschen mit einer Zwangsstruktur, die bei sich keine aggressiven Impulse wahrnehmen und meinen, alle sollten so friedfertig sein wie sie selbst. Bei den *zwanghaft* Strukturierten findet die Aggression meist irgendeinen Ausweg, oft in einer verdeckten Form. Ein Beispiel ist der brave Soldat Schwejk von HAŠEK, der friedlich alles tut, was man von ihm verlangt, die Anweisungen aber so ausführt, daß er denen schadet, die sie gaben.

Menschen mit einer phobischen Struktur sind oft als Mittler in Konflikten geschätzt und gesucht. Sie gelten als integrierend. Allerdings kann ihre Tendenz, in Konflikten zu vermitteln und zu verhindern, daß Konflikte aufbrechen, auch zu aversiven Reaktionen führen wenn deutlich wird, daß unter ihrem Einfluß die aggressiven Impulse »unter den Teppich gekehrt« werden.

Die Wendung der Aggression gegen das Selbst ist zwar besonders wirksam, wenn es darum geht, eine Beziehung von Aggression freizuhalten. Gleichzeitig wirkt sie sich aber schädlich aus – gerade auf die Person, die diesen Abwehrmechanismus einsetzt. Sie wird ja auch bevorzugt dann eingesetzt, wenn das Selbst, also die eigene Person, weniger geschätzt wird als eine andere Person, die geschont werden soll und gegen die sich die Aggression ursprünglich richtet, oder wenn die andere Person als *existentiell wichtig* erlebt wird. Man findet beide Motive häufig bei depressiven Menschen. Die andere Person soll geschont werden, weil sie als wertvoll empfunden wird, aber auch, weil sie eine lebenswichtige Bedeutung hat. Wird sie zerstört oder wendet sie sich ab, fürchtet der Depressive zu »verhungern« oder zu »verdursten«. Da zieht er es schon vor, sich selbst Vorwürfe zu machen. Würde er die gleichen oder ähnliche Vorwürfe jener lebenswichtigen anderen Person machen, müßte er Angst haben, sie zu verlieren.

Auch ein narzißtischer Mensch kann Aggressionen gegen die eigene Person richten, nämlich dann, wenn die andere Person nötig gebraucht wird, zum Beispiel weil sie in die Selbstrepräsentanz integriert wurde. Der narzißtische Mensch macht sich dann lieber Vorwürfe, als daß er der anderen Person, deren Verlust er wie eine Art Amputation empfinden müßte, Vorwürfe macht.

Verschiebung – wenn es jemanden treffen soll, der weniger gefährlich oder weniger wichtig ist

Die Verschiebung transponiert aggressive oder libidinöse Phantasien und Impulse von der Person, der sie gelten auf eine andere, so daß die Beziehung zu der ursprünglich gemeinten Person unberührt bleibt. Dabei werden ursprünglich vorhandene Zusammenhänge ausgeblendet, neue Zusammenhänge werden hergestellt.

Mit der anderen Person, auf die verschoben worden ist, kann ein Konflikt entstehen. Er kann aber auch ausbleiben, wenn die Wünsche sozial akzeptabel sind. So kann eine Mitarbeiterin ihre Liebeswünsche an den verheirateten Chef auf einen unverheirateten anderen Mitarbeiter verschieben und sie in der Beziehung zu dieser Person realisieren. Voraussetzung dafür, daß eine Verschiebung stattfinden kann, wäre, daß die Person, von der verschoben wird, und die Person, auf die verschoben wird, bestimmte Eigenschaften gemeinsam haben. Dabei kann es sich um ähnliche Verhaltensweisen handeln, aber auch um Eigenschaften sehr allgemeiner Art, zum Beispiel um die Eigenschaft »männlich«. Liebeswünsche können auch von einem Mann auf eine Frau verschoben werden und umgekehrt, wobei es sich bei näherer Betrachtung meist herausstellt, daß die Person des anderen Geschlechts bestimmte Verhaltensweisen mit der ursprünglichen Person teilt oder eine ähnliche soziale Stellung hat; zum Beispiel kann von einem männlichen Vorgesetzten auf eine weibliche Vorgesetzte verschoben werden. Ob die homosexuellen Liebeswünsche dann bewußt werden, ist eine andere Frage. Vielleicht werden sie nicht in der ursprünglichen Form bewußt, sondern in einer durch weitere Abwehrmechanismen entstellten Form, zum Beispiel in Form von aggressiven Gefühlen, die das Ergebnis einer *Reaktionsbildung* (siehe dort) sind.

Die Frau, die ursprünglich eine Liebesbeziehung zum

Chef phantasiert, kann diese Phantasie aber auch direkt per Reaktionsbildung abwehren, indem sie Liebesgefühle durch Haßgefühle niederhält, und mit den Haßgefühlen nun per Verschiebung umgehen, um einen Streit mit dem männlichen Vorgesetzten zu vermeiden. Sie fängt dann vielleicht einen Streit mit einem anderen, männlichen oder weiblichen Vorgesetzten an, auf den oder die ihre Haßgefühle verschoben wurden. Natürlich vermindert die Reaktionsbildung hier auch die Gefahr eines inneren Konflikts, zum Beispiel die Gefahr eines Gewissenskonflikts, der damit zusammenhängt, daß Beziehungswünsche an einen verheirateten Mann gerichtet werden – ein Gewissenskonflikt, der noch dadurch verstärkt werden kann, daß die Beziehungswünsche an den verheirateten Chef frühere Beziehungswünsche an den Vater reaktivieren, ohne daß eine Differenzierung zwischen Chef und Vater stattfindet. Die Verschiebung könnte verhindern, daß sich die Schuldgefühle aus der ödipalen Phase mit den aktuellen Schuldgefühlen vermischen und sie verstärken.

Abwehrmechanismen, die primär das Ziel haben, die innere Welt von Konflikten zu entlasten, tun das oft auf Kosten einer Störung in den Außenbeziehungen. In dem beschriebenen Fall kommt es etwa zu einem Streit mit Vorgesetzten. Handelt es sich um eine weibliche Vorgesetzte, kann der ursprünglich geliebte Chef nun deren Partei ergreifen. Das wiederum weckt Erinnerungen an die ödipale Dreiecksituation. So könnte wohl der Vater die Mutter verteidigen, wenn sie von der Tochter angegriffen wird. Dieses Mitanklingen der ödipalen Situation verstärkt den Konflikt.

Eine ganz andere Möglichkeit wäre, daß die Mitarbeiterin ihrem Chef die eigenen Liebesgefühle per Projektion zuschreibt und dessen neutral-freundliches Verhalten als Ausdruck von Liebesgefühlen interpretiert, was zu interpersonellen Problemen führen kann. Die Mitarbeiterin kann dem scheinbar in sie verliebten Chef, den sie vielleicht für schüchtern hält oder von dem sie glaubt, daß nur sein Gewissen ihn davon abhält, sich zu erklären, entgegenkommen wollen und ihn damit überraschen, daß sie sich ihrerseits erklärt. Unterdrückt sie aber die eigenen Liebesgefühle, reagiert sie vielleicht auf die phantasierten Liebesgefühle des Chefs mit Aggression, so wie sie die eigenen Liebesgefühle bekämpfen würde, wenn sie bewußt wären.

Gibt es zwischen Menschen unterschiedliche Konfliktthemen, kann mit einer Verschiebung auf das Kleinste oder auf Kleineres ein Konflikt aktiviert werden, der relativ ungefährlich ist. Der gefährlichere Konflikt, um den es in erster Linie geht, wird dabei ausgespart. Auch dieser Vorgang kann bewußt stattfinden. Man fühlt sich nicht in der Lage, einen wichtigen Konflikt auszutragen und versucht dem anderen dadurch zu schaden, daß man ihn wegen einer Angelegenheit kritisiert, bei der man sicher sein kann, Recht zu behalten. So kann der Leiter eines Krankenhauses einen Mitarbeiter, mit dem er einen Konflikt bezüglich der Aufnahmepolitik oder der allgemeinen Personalpolitik hat, wegen eines zu spät abgeschickten Arztbriefes kritisieren. Es kommt zu einer *Verschiebung auf Kleineres*.

Identifizierung mit dem Angreifer – man verhält sich so, daß man dem Angreifer ähnlich wird

Obwohl das Konzept der *Identifizierung mit dem Angreifer* in der Sozialpsychologie eine zunehmende Rolle spielt und zum Beispiel herangezogen wird, um das Verhalten von Menschen in Diktaturen verstehbar zu machen, wurde die Identifizierung mit dem Angreifer nicht in der Sozialpsychologie entdeckt, sondern in der Kinderpsychotherapie (ANNA FREUD 1936). ANNA FREUD beschreibt, wie ein angegriffenes Kind nicht den Angreifer angreift, sich aber *anderen* Personen gegenüber aggressiv verhält. Aggressives Verhalten und auch Eigenschaften, die dem Verhalten zugrunde liegen, können symbolisch dargestellt werden, zum Beispiel die Kraft oder die Macht eines Angreifers: ANNA FREUD (1936) beschrieb den Fall eines Jungen, der mit einem Säbel herumlief, obwohl der Angreifer ihm gegenüber keinen Säbel benutzt hatte.

Die Identifizierung mit dem Angreifer geschieht also mit dessen Verhalten oder dessen Eigenschaften. Bei der *Verschiebung* wird Aggression ebenfalls nicht an die Person gerichtet, die sie ausgelöst hat. Der Verschiebende reagiert aber dem Objekt gegenüber, auf das er verschiebt, auf *seine* persönliche Weise. Bei der Identifizierung mit dem Angreifer kann ein Gefühl der Schwäche, der Kränkung oder des Gekränktseins aufgehoben werden, man ist dann selbst der Kränkende, Verletzende oder Schädigende.

ANNA FREUD sah in der Identifizierung mit dem Angreifer eine Vorstufe der Über-Ich-Entwicklung. Ein Kind kann zum Beispiel ein Verhalten, von dem es weiß, daß die Eltern es nicht billigen, anderen zuschreiben und diese anderen dafür kritisieren. Dabei identifiziert es sich mit den kritisierenden Eltern. Später erst richtet das Kind die Kritik gegen sich selbst. Es bestraft sich zum Beispiel durch Selbstvorwürfe für eine Handlung, die es im nachhinein nicht billigt.

Beim Erwachsenen kann eine habituelle Identifizierung mit dem Angreifer als Zeichen einer Über-Ich-Schwäche angesehen werden. Die Über-Ich-Entwicklung ist auf einer Vorstufe steckengeblieben.

Oft zeigt sich die Identifizierung mit dem Angreifer darin, daß jemandem, der Vorwürfe macht, wiederum Vorwürfe gemacht werden, *ohne daß der Vorwurf des anderen überhaupt reflektiert wird*. Von der Identifizierung mit dem Angreifer im ANNA FREUDschen Sinne unterscheidet sich dieser Vorgang darin, daß der Aggressor selbst zum Objekt der Aggression wird. Vermutlich richtet sich bei einer Identifizierung mit dem Angreifer die Aggression dann gegen andere Personen, wenn der ursprüngliche Angreifer als viel stärker erlebt wird. Das ist zum Beispiel bei Kindern der Fall, die von Erwachsenen in irgendeiner Form angegriffen werden. Der Erwachsene, dem ein anderer Erwachsener Vorwürfe macht, muß sich nicht so schwach fühlen wie ein Kind gegenüber einem Erwachsenen.

Leugnung – wenn man sich gegen die Wahrnehmung nicht wehren kann, wehrt man sich gegen ihre Bedeutung

Der Begriff *Leugnung* leidet wie viele andere psychoanalytische Termini daran, daß er aus der Alltagssprache übernommen wurde. Er wird von analytischen Psychotherapeuten im alltäglichen Wortsinn *oder* in einem *spezifischen* Sinn gebraucht.

Im allgemeinen Wortsinn kann man nur etwas leugnen, was man weiß. So leugnet etwa ein Angeklagter, die Tat begangen zu haben, deren man ihn verdächtigt, obwohl er der Täter ist und auch erinnert, die Tat begangen zu haben. Leugnen kann man nur bewußtes oder bewußtseinsfähiges Material. *Leugnung im psychoanalytischen Sinn*, wie sie gerade auch bei den sogenannten Frühstörungen (z.B. KERNBERG et al. 1989) eine Rolle spielt, meint nicht, daß etwas, das existiert oder geschehen ist, als inexistent oder ungeschehen bezeichnet wird. Gemeint ist, daß es gewußt wird und daß der Betreffende sein *Wissen* vor sich und unter Umständen auch vor anderen zugeben könnte. Leugnung bedeutet hier, daß der *affektive Stellenwert* des entsprechenden Materials durch einen Abwehrvorgang verlorengegangen ist, der automatisch abläuft, ähnlich, wie das bei der Verdrängung der Fall ist.

Leugnung im psychoanalytischen Sinn kann aber auch bedeuten, daß bestimmte Phänomene zwar wahrgenommen werden, ihre *Bedeutung* aber nicht erkannt wird. Hier handelt es sich um eine selektive Störung des *Interpretierens*. Die Störung bezieht sich auf bestimmte Inhalte; es ist nicht so, daß die Fähigkeit, realitätsgerecht zu interpretieren, ganz verlorengegangen wäre. So kann ein Bergwanderer, der ein bestimmtes Ziel noch erreichen will, Anzeichen eines herannahenden Unwetters, das er sonst richtig eingeordnet hätte, in ihrem *Bedeutungszusammenhang* nicht erkennen oder den Bedeutungszusammenhang bagatellisieren (»das Unwetter wird sicher erst da sein, wenn ich mein Ziel erreicht habe«).

Isolierung aus dem Zusammenhang (siehe auch das Kapitel über Isolierung) tritt bei bestimmten Charakterstrukturen, zum Beispiel bei manchen Formen der Zwangsstruktur, *generalisiert* und habituell auf. Solche Menschen sind weniger als andere imstande, Gemeinsames zu erkennen, was ihre Abstraktionsfähigkeit einschränkt. Sie sehen vor allem die Unterschiede. Verbindungen, die Gemeinsames aufzeigen könnten, stellen sie nicht her. Die *selektive* Isolierung aus dem Zusammenhang betrifft dagegen nur bestimmte, affektgeladene Sachverhalte.

Ein Beispiel: Eine Patientin berichtet ihrem Analytiker empört, daß sie im gemeinsamen Wohn- und Arbeitszimmer im Sekretär ihres Mannes Briefe einer anderen Frau gefunden habe. Im weiteren Verlauf fragt der Analytiker, weshalb sie den Sekretär ihres Mannes durchsucht hat. Er vermutet zunächst, die Patientin habe das aufgrund eines bestimmten Verdachts getan. Die Patientin antwortet aber: »Ich suchte überall meine Fahrkarte«. Es kam dann heraus, daß es sich um eine Fahrkarte handelte, die sich die Patientin gekauft hatte, um einen Freund zu besuchen, den sie während ihres Urlaubs kennengelernt hatte.

Die Patientin leugnete das Gemeinsame zwischen dem Fremdgehen des Mannes und ihrem eigenen Fremdgehen und hatte daraus den Gewinn, sich gegenüber ihrem Mann stärker empören zu können, als ihr das möglich gewesen wäre, wenn sie das Gemeinsame im Auge gehabt hätte.

Insgesamt kann man sagen: Der Begriff Leugnung wird einmal im Alltagssinn, zum anderen quasi metaphorisch gebraucht. Eine Person, die im psychoanalytischen Sinn »leugnet«, verhält sich so wie jemand, der einen bestimmten Sachverhalt in seiner Bedeutung nicht zugeben *will*. In Wahrheit ist aber Abwehr in Funktion. Das »Nicht-Wollen« ist unbewußt, und der Betreffende weiß auch nicht, daß er Abwehr einsetzt. *Das Motiv, die Abwehr einzusetzen, und die Tatsache, daß sie eingesetzt werden, sind beide unbewußt*, wie das auch sonst grundsätzlich der Fall ist, wenn man *Abwehrmechanismen* einsetzt. Gerade bei der Leugnung ist es wichtig, sich das vor Augen zu halten – eben wegen der Gefahr, Leugnung im psychologischen Sinn wie Leugnung im Alltagsleben zu verstehen und zu meinen, es genüge, einen Patienten mit einem bestimmten Sachverhalt zu konfrontieren, um ihn dazu zu bringen, seine affektive und kognitive Bedeutung einzusehen.

Versucht man das, passiert in der Regel etwas anderes. Entweder kommt die Intervention nicht an; der Patient sagt einfach, er erlebe das nicht so, er sehe das anders, oder die Intervention kommt an. Kommt sie an, wird der Patient andere Abwehrmechanismen einsetzen. Zum Beispiel könnte die Patientin, von der oben die Rede war, beginnen zu rationalisieren: Sie habe eher das Recht als ihr Mann fremdzugehen; eigentlich sei es die Schuld des Mannes etc. Das mag eine bestimmte Berechtigung haben, wie das beim Rationalisieren im allgemeinen der Fall ist. Ein bewußter Motivationszusammenhang wird aber vom einzigen Motiv her erklärt, die unbewußten Motive oder unbewußte Gründe, warum die Patientin dem Motiv, fremdzugehen, nachgegeben hat, bleiben unbewußt und unerörtert.

Wie bei anderen Abwehrmechanismen ist es hier notwendig, auch auf die möglichen Motive einzugehen, die jemanden dazu bringen, den Abwehrmechanismus der Leugnung einzusetzen. Handelt es sich um ein Leugnen nur in bestimmten, gravierenden Situationen, wie das bei einem Fremdgehen der Fall sein kann, wird man sich im Inhalt und im Timing der Interventionen anders verhalten, als wenn es sich um einen Abwehrmechanismus handelt, der zur Stabilisierung des Ich *immer wieder* eingesetzt werden muß. Es gelten also bei der Leugnung die allgemeinen Regeln der Technik in der Bearbeitung eines Widerstandes, bei dem Abwehrmechanismen eingesetzt werden. Die Leugnung bildet keine Ausnahme.

Es ist nicht immer einfach, Leugnung im psychoanalytischen Sinn von dem Ergebnis eines Unterdrückungsvorgangs zu unterscheiden. Deshalb will ich in diesem Zusammenhang noch einmal auf den Vorgang der Unterdrückung eingehen. Bei der *Unterdrückung* (siehe auch dort), die durch einen Willensakt eingeleitet wird, *entschließt* sich der Unterdrückende, an einen bestimmten Gedächtnisinhalt »nicht mehr zu denken«, der sich auf Vergangenes, aber auch auf fortdauernde Prozesse und Ereignisse beziehen kann. Zum Beispiel entschließt sich ein Therapeut, nicht an seine privaten Sorgen »zu denken«, die sich auf Vergangenes, die Gegenwart und vielleicht auch auf die Zukunft beziehen, sondern sich ganz dem Patienten zuzuwenden, der gerade da ist. Damit setzt er bewußt Prioritäten, und der Stellenwert privater Sorgen wird auf der Basis eines bewußten Entschlusses vermindert, der Stellenwert des Patienten erhöht. Der Patient hat Priorität. Die Bedeutung der privaten Sorgen wird nicht geleugnet, die privaten Sorgen sollen aber während der Therapiezeit möglichst wenig Einfluß auf das Denken und Fühlen des Therapeuten haben, damit er sich seinem Patienten zuwenden kann. Würde man den Therapeuten während der Stunde fragen, was ihm im Augenblick am wichtigsten sei, würde er wahrscheinlich antworten, es sei die Arbeit mit dem Patienten. Das schließt nicht aus, daß Frau und Kinder, die ihm vielleicht Sorgen machen, in seinem Leben wichtiger sind als der Patient.

Natürlich schränken private Sorgen die Funktionsfähigkeit des Therapeuten dennoch ein. Zum Beispiel ist er nicht so frei, zu dem Material zu assoziieren, das der Patient bringt. Er wird jene Assoziationsstrecken meiden, die ihn zu den privaten Sorgen hinführen könnten. Daraus entsteht für den Therapeuten vielleicht ein verzerrtes Bild des Patienten.

Ein Unterschied zwischen Unterdrückung und Leugnung besteht einmal darin, daß sich die Unterdrückung im bewußten Bereich abspielt und die Leugnung im unbewußten Bereich. Die Unterdrückung wirkt in unserem Beispiel nur zeitweilig. Der Therapeut wird seine Sorgen nach Beendigung der Therapie wahrscheinlich so empfinden wie vorher und sich dann vielleicht seiner Familie, die in Schwierigkeiten ist, in ähnlicher Intensität, wenn auch in anderer Weise, zuwenden wie dem Patienten.

Natürlich gibt es auch Unterdrückungen, die der Verdrängung schon recht nahe kommen. So kann sich ein Mann entschließen, an eine Partnerin, die sich von ihm getrennt hat, möglichst wenig zu denken, und vielleicht gelingt ihm das mit der Zeit. Er hat damit Trauerarbeit vermieden, zu der ihm die Lebensverhältnisse nicht genügend Kraft oder Zeit ließen. Aus der Unterdrückung resultierende Folgen können dann ähnlich sein wie bei einer Verdrängung: Die unterdrückten Inhalte bleiben meist in irgendeiner Form wirksam, zum Beispiel dann, wenn der Mann sich einer neuen Partnerin zuwenden möchte. Die Art der Partnerin, nach der er sucht, das Risiko, das er in der Partnerschaft eingehen möchte, und der Umgang mit der Partnerin können alle unter dem Einfluß unterdrückter Erinnerungen an die vorangegangene Partnerin stehen, ohne daß dem Mann das immer bewußt ist. Der Mann kann sich – bewußt – sagen: »Nicht wieder so eine!«, und dabei die vorangegangene Partnerin kurzfristig erinnern, ohne in der Intensität an sie zu denken und ohne so stark affektiv zu reagieren, wie das geschehen wäre, bevor die Unterdrückung erfolgte. Er kann aber auch eine Partnerin wählen, die Eigenschaften hat, die denen der vorangegangenen Partnerin entgegengesetzt sind, ohne zu merken, daß die vorangegangene Partnerin seine derzeitige Partnerwahl auf diese Weise mitbestimmt. Statt dessen kann er andere, »vernünftige« Gründe anführen, wenn man ihn fragt, warum er gerade diese Partnerin gewählt hat. Damit vermeidet er, sich an die vorangegangene Partnerin zu erinnern, was immer noch schmerzlich sein kann, und er vermeidet es auch, zu erkennen, wie stark die Beziehung zur früheren Partnerin ihn noch beeinflußt.

Ein zur Unterdrückung gegensätzliches Verhalten wäre bei einem Phänomen zu suchen, das im angelsächsischen Sprachbereich gelegentlich als »Rumination« bezeichnet wird, der deutsche Ausdruck wäre »Wiederkäuen«. Damit ist ein »immer wieder Drandenken« gemeint. In unserem Beispiel würden die Gedanken des Mannes andauernd um die frühere Partnerin kreisen – in einem Bemühen, die Trennung zu verarbeiten. Bei der »Rumination« findet aber nicht, wie bei wiederkäuenden Tieren, ein Verdauungsvorgang statt, dem in unserem Beispiel Trauerarbeit entsprechen würde. Gerade die ausschließliche Konzentration auf ein Thema verhindert die Ablösung von der verlorenen Partnerin, wozu ja auch gehört, daß der Trauernde sich vom verlorenen Objekt abwendet und anderen Objekten zuwendet. Das Denken an die verlorene Partnerin hat mit Abstand den höchsten Stellenwert und bleibt am wichtigsten. Es kann nicht unterlassen werden. Meist nimmt der Verlust der Partnerin an Bedeutung eher noch zu, oft in den Auswirkungen auf das Selbstwertgefühl und in den Auswirkungen auf das Bild von der Frau in einem allgemeinen Sinn. Der Verlust des Partners dehnt sich in seiner Bedeutung und in seinen Folgen gleichsam auf die gesamte Persönlichkeit und die gesamten Lebensverhältnisse aus. Es kommt zu depressiven Verstimmungen mit einem Gefühl der Hoffnungslosigkeit und des eigenen Unwerts oder auch zu Selbsthaß und Entwertung des Selbst, weil man ja in der Beziehung gescheitert ist.

Vergleicht man Unterdrückung mit ihrem Gegenstück, der Rumination, wird deutlich, daß sie die bessere Lösung, und manchmal die einzige unter den Umständen mögliche Lösung darstellen kann. Ihre Nachteile und Gefahren sollte ein Therapeut aber im Auge behalten, etwa wenn er mit Patientinnen und Patienten arbeitet, die unterdrückt haben oder noch unterdrücken oder aber in der Analyse darüber sprechen, ob es besser sei, zu unterdrücken oder sich den Problemen zu stellen.

Die Leugnung ist ein Abwehrmechanismus, bei dem besonders deutlich ist, daß er je nach Situation nützlich oder schädlich sein kann. So kann es sich nachteilig auswirken, wenn man eine Gefahr leugnet oder bagatellisiert. Zum Beispiel kann jemand, der sonst immer den Sicherheitsgurt anlegt, das Anlegen des Gurtes gerade dann vergessen, wenn Glatteis zu befürchten ist. Er mag an die Gefahr durch das Glatteis nicht denken oder bagatellisiert sie. Ein Verhalten, das die Gefahr anerkennt – in diesem Fall das Anlegen des Sicherheitsgurtes – wird »vergessen«.

Andererseits kann es einem Krebskranken den Umgang mit anderen Menschen erleichtern, wenn er die Folgen seiner Krebskrankheit leugnet oder bagatellisiert. Patienten, die das tun, sind oft beim Pflegepersonal in einem Krankenhaus beliebter als solche, die sich mit den Folgen ihres Leidens vollständig konfrontieren und die psychischen Folgen dieser Konfrontation erfahren.

Selektive Aufmerksamkeit (»Selective attention«, SULLIVAN 1955, 1956) kennen fast alle Menschen aus eigener Erfahrung. Eine Frau, die schwanger ist oder eine Schwangerschaft erwägt, sieht mehr schwangere Frauen. Entsprechendes gilt für den Partner der Frau. Selektive Aufmerksamkeit gibt es aber auch im Umgang mit Dingen. Wer ein Auto eines bestimmten Typs kaufen will, sieht mehr Autos dieses Typs. Es gibt auch eine selektive Aufmerksamkeit, die selektive Nicht-Aufmerksamkeit unterstützen soll. So kann man seine Aufmerksamkeit bestimmten Phänomenen zuwenden, um andere nicht wahrzunehmen.

Selektive Aufmerksamkeit kann die Realitätswahrnehmung verfälschen, sie kann aber auch den Umgang mit der Realität dadurch erleichtern, daß komplexe Situationen, die man zunächst nicht überblicken kann, sukzessive erfaßt werden. Zunächst ist es oft wichtig, sich einen groben und allgemeinen Überblick zu verschaffen. Details müssen ausgeblendet werden. Man richtet seine Aufmerksamkeit auf das Ganze. Anschließend kann man sich mit den Details beschäftigen, sie in das Ganze einordnen und ihre funktionalen Verbindungen untersuchen. Ein solches vom Allgemeinen zum Speziellen gehendes Verarbeiten einer Situation kann bewußt eingesetzt werden, mit der Zeit kann es sich aber automatisieren und unbewußt eingesetzt werden.

Die selektive Aufmerksamkeit ist ein gutes Beispiel dafür, daß der gleiche Vorgang nützlich oder schädlich sein kann. Die selektive Aufmerksamkeit führt manchmal dazu, daß man eine Situation verkennt, weil man wichtige Einzelheiten übersieht. Sie kann aber auch zum richtigen Erkennen einer Situation führen.

Projektion – Inneres soll außen sein

Bei der *Projektion* werden eigene psychische Inhalte, vor allem Affekte, Stimmungen und Impulse, aber auch Bewertungen anderen Personen zugeschrieben. Dabei handelt es sich um Inhalte des *Selbst*, wie sie in ihren bewußten und unbewußten Anteilen im Ich in der *Selbstrepräsentanz* auftreten. Man kann aber auch sagen, daß Ich, Über-Ich und Es gemeinsam das Selbst darstellen, wobei in der Selbstrepräsentanz Erleben, Verhalten und Körperschema dargestellt sind.

In der Objektbeziehungstheorie (auch MEISSNER 1978) wird der Terminus Projektion oft in einem weiteren Sinn verwendet. Objektrepräsentanzen werden als Teil der inneren Welt und damit des Selbst aufgefaßt. Also können sie projiziert werden. Mit anderen Worten: Externalisierungen der Repräsentanzen innerer Objekte, die mit der Selbstrepräsentanz in einer Beziehung stehen und im Ich zusammen mit der Selbstrepräsentanz einen Ort haben, wo sie sich darstellen, werden ebenso wie Externalisierungen von Bestandteilen der Selbstrepräsentanz als Projektion bezeichnet.

Diese Definition ermöglicht es, von Projektion zu sprechen, wenn ein Mensch eine reale Person in der Außenwelt einer seiner inneren Objektrepräsentanzen ähnlich oder gleich sehen will.

Ein Motiv der Projektion ist, etwas aus der inneren Welt zu entfernen, weil es an einem inneren Konflikt beteiligt ist. Zum Beispiel projiziert jemand seine eigenen aggressiven Stimmungen, Affekte und Impulse, weil er sich nicht als aggressiv erleben möchte, auf andere. Auch Objekte oder Aspekte von Objekten, ebenso Aspekte der *Instanzen* Es, Ich-Ideal und Über-Ich, können auf reale Personen projiziert werden, weil es leichter ist, sich mit ihnen auseinanderzusetzen, wenn sie durch eine Außenperson repräsentiert sind, als wenn gleichsam ein Konflikt »im eigenen Land« ausgetragen werden muß.

Das Motiv kann aber auch sein, *Vertrautheit* herzustellen. Man möchte den anderen ähnlich erleben, wie man sich selbst erlebt. In diesem Fall werden nicht Affekte, Stimmungen und Impulse unbewußt gehalten und einer anderen Person zugeschrieben, sondern Stimmungen, Affekte und Impulse, die man von sich kennt, werden im anderen vermutet. Das erzeugt ein Gefühl der Vertrautheit und *Familiarität* (KÖNIG 1982). Eine solche Projektion erleichtert auch die Kommunikation – man versteht sich mit dem anderen, weil er ähnlich ist wie man selbst. Gefühle der Vertrautheit werden aber auch hergestellt, wenn man im Anderen scheinbar ein Objekt wiederfindet, das man kennt. Die Projektion von *Objekten* kann ein solches Gefühl herstellen.

Es können aber auch Objekte externalisiert werden, die ein Verhalten zeigen, das andere Verhaltensweisen der Außenperson überdecken soll. So kann ein Patient, der sich dadurch beunruhigt fühlt, daß der Analytiker verständnisvoll auf ihn eingeht, fürchten, der Analytiker könne in ihn »eindringen«. Er wird dann vielleicht auf ihn ein Objekt projizieren, das sich ihm gegenüber in der Vergangenheit gerade unempathisch verhalten hat und ihn nicht zu verstehen schien, zum Beispiel ein Elternteil, mit dem er sich »nicht verstand«, oder einen Lehrer, ein Geschwister oder sonst ein Familienangehöriger.

Je fragiler der Bezug zur Realität ist, desto ungehinderter können sich Projektionen etablieren. Ist der Bezug zur Realität dagegen fest, kann eine Projektion leichter durch das tatsächliche Verhalten der Person widerlegt werden, auf die projiziert wird. Die Projektion kann aber selbst bei labilem Realitätsbezug durch das Verhalten der Person in Frage gestellt werden, auf die projiziert wird, wenn das phantasierte Verhalten *zu weit* von den eigenen Verhaltensdispositionen dieser Person abweicht und sie sich schon deshalb spontan ganz anders verhält. Das ist besonders dann der Fall, wenn archaische Verhaltensweisen in der Projektion enthalten sind. Ein weiterer Schritt ist, den anderen der Projektion *real* ähnlich zu machen. Man spricht von *projektiver Identifizierung* (siehe auch dort). Hier kombiniert sich die Projektion, ein innerpsychischer Vorgang, mit einem interaktionellen Handeln. Projektionen können aber auch ganz »still« stattfinden. Jemand kann eigene Liebesgefühle bewußt erleben und sie teilweise projizieren, um ihre Intensität abzuschwächen, so daß sie sein äußeres Verhalten nicht bestimmen. Wenn der oder die andere keine Anzeichen gibt, den Projizierenden zu lieben, kann der denken, daß Gründe vorhanden sind, warum das nicht geschieht, zum Beispiel moralische Bedenken.

Wenn der Projizierende Motive dafür hat, das nicht zu tun, kann er sich davon zurückhalten, auf die anscheinenden (in Wahrheit aber projizierten) Liebesgefühle des anderen offen zu reagieren. Die Projektion muß so von keiner Seite in Frage gestellt werden.

Jemand kann mit einer Projektion aber auch taktisch umgehen. Das ist besonders bei aggressiven Projektionen häufig der Fall. Er kann so tun, als »wisse« er nichts von dem – vermeintlichen – Haß der anderen Person, oder er kann versuchen, die hassende Person zu besänftigen.

Auf die eigene Projektion kann man auch mit Kontaktvermeidung oder Flucht reagieren. So kann jemand eine Stelle wechseln, weil er meint, der Vorgesetzte möge ihn nicht, obwohl der sich tatsächlich nie so verhalten hat, daß man ein Nicht-Mögen daraus ableiten könnte.

In Beziehungen zwischen Männern und Frauen kann es auch zu Mißverständnissen kommen, die etwas mit einer geschlechtsgebundenen Interpretation freundlichen Verhaltens zu tun haben. Freundliches Verhalten kann als Ausdruck sexuellen Interesses mißdeutet werden. Projektion muß hier nicht im Spiel sein. Allenfalls ist der Wunsch der Vater des Gedankens. Neuere Untersuchungen (ref. bei TRAMITZ 1993) im Max-Planck-Institut in Seewiesen haben bestätigt, daß Männer ein freundliches Verhalten von Frauen oft als sexuelles Interesse interpretieren.

Natürlich gibt es auch den Fall, daß eine Frau eindeutige sexuelle Signale gibt, ohne das zu merken. Ihre eigene Sexualität ist blockiert, sie hat aber durch Versuch und Irrtum herausgefunden, daß ein erotisch wirkendes Verhalten Männer anzieht (KÖNIG und KREISCHE 1991). Sexuelle Initiativen von Männern werden dann mit Abscheu und Ekel beantwortet.

Projektive Identifizierung – wenn innere Maßnahmen nicht ausreichen

Durch die *projektive Identifizierung* wird der andere so beeinflußt, daß er sich in seinem Verhalten dem angleicht, was von ihm erwartet wird (OGDEN 1979). Dabei wirkt die Projektion mit einem unbewußt manipulierenden interpersonellen Verhalten zusammen, das darauf ausgerichtet ist, die eigenen Erwartungen bestätigt zu finden.

Man kann auch die eigene Wahrnehmung so ausrichten, daß man nicht bemerkt, was zu dem Bild nicht paßt. (*Selektive Wahrnehmung* oder, nach SULLIVAN 1955, 1956, *selektive Aufmerksamkeit oder selektive Unaufmerksamkeit.*) Zusätzlich kann man den Abwehrmechanismus der *Leugnung* einsetzen: Man nimmt zwar wahr, was nicht paßt, gibt dem aber keinen wesentlichen Stellenwert. Umgekehrt kann man dem, was zu dem Bild paßt, einen übertriebenen Stellenwert einräumen.

Reicht das alles noch nicht aus, kann das *interpersonelle Manipulieren* hinzugenommen werden. Erst dann sind wir berechtigt, von projektiver *Identifizierung* zu sprechen. Der andere wird dem Bild, das man sich von ihm macht, real angepaßt. *Ein Verhalten wird hervorgerufen, das auf bestimmte Gefühle und Einstellungen schließen läßt.* Das geschieht durch Provokation, wenn man aggressives Verhalten erwartet, oder durch Verführung, wenn besondere Sympathiebeweise erwartet werden.

Es gibt noch keine Definition der projektiven Identifizierung, auf die man sich in allen Punkten geeinigt hätte. Ein Kongreß, der 1984 in Jerusalem stattfand und dessen Vorträge zusammen mit den redigierten Transkripten der Diskussionen von SANDLER (1987) herausgegeben wurden, ließ vor allem Unterschiede deutlich werden. Daran, daß die Auffassungen von projektiver Identifizierung unterschiedlich sind, hat sich seither wenig geändert. In diesem Buch beschreibe ich meine eigene Auffassung des Konzepts.

Wie ich schon andernorts (KÖNIG 1993) angemerkt habe, gibt es sprachlich Probleme, die dazu beitragen, daß der Begriff projektive Identifizierung vielen unklar bleibt. In der Psychoanalyse meinen wir mit Sich-Identifizieren, daß wir uns in den anderen hineinversetzen und versuchen, so zu erleben wie dieser.

Bei der projektiven Identifizierung handelt es sich aber nicht darum, daß man sich einem anderen Menschen gleichmacht oder daß man die Identität eines anderen Menschen oder Gegenstandes feststellt. Vielmehr macht man als projektiv Identifizierender den anderen Menschen einem eigenen inneren Bild gleich. Er wird gerade *nicht* in seiner wahren Identität erkannt.

Es gibt Psychoanalytiker der MELANIE KLEINschen Schule, die es ganz offen lassen, auf welche Weise in der Person, auf die projektiv identifiziert wird, ein Gefühl entsteht, daß der Erwartung des projektiv Identifizierenden entspricht, während OGDEN (1979) wohl als erster den konkreten interaktionellen Anteil der projektiven Identifizierung beschrieben hat. Es gibt auch Psychoanalytiker, zum Beispiel KERNBERG (1988), die projektive Identifizierung als einen primitiven Abwehrmechanismus auffassen, der nur bei Menschen mit Frühstörungen vorkommt. Ich führe diese Auffassung darauf zurück, daß die projektive Identifizierung bei solchen Patienten viel auffälliger ist. Das hängt damit zusammen, daß die Erwartungen an die Außenperson, die projektiv identifiziert wird, bei frühgestörten Menschen einen sehr unreifen, archaischen Charakter haben und deshalb starke manipulative Mittel eingesetzt werden müssen, um die Außenperson zu einem Verhalten zu bringen, das der Erwartung des projektiv Identifizierenden entspricht. Wenn jemand seine inneren Objekte in gute und böse aufspaltet und die Menschen in seiner Außenwelt nach diesen Modellen verändern möchte, kann er eine solche Veränderung nur durch massives Handeln bewirken – beim erwarteten bösen Verhalten eben durch massive Provokationen. Diese Provokationen sind leicht als solche erkennbar. Für den projektiv Identifizierten ist ein solches Verhalten in der Regel persönlichkeitsfremd. Das angezielte Verhalten weicht von dessen Alltagsverhalten – bei einem Therapeuten während einer Therapie vom professionellen Rollenverhalten – sehr stark ab. Freilich stellen Patienten bei einem Therapeuten oft in Rechnung, daß ihn die therapeutische Rolle daran hindert, seine Gefühle ungehemmt auszudrücken. Sie vermuten bei ihm intensivere Gefühle, als er sie zeigt.

Das therapeutische Problem liegt im Umgang mit Provokationen im Dienste einer projektiven Identifizierung nicht nur im Erkennen, sondern auch darin, wie man vermeiden kann, den projektiven Identifizierungen zu folgen. Daß Borderline-Patienten das therapeutische Personal zu übertriebenem, dysfunktionalem Einsatz bringen und es so *ihrer* Vorstellung von guten Objekten nahebringen können, läßt sich wohl in jeder psychiatrischen oder psychotherapeutischen Klinik beobachten. Projektive Identifizierungen dieser Art sind oft schwerer erkennbar, weil sie den Berufsrollen des therapeutischen Personals näher sind.

Im Unterschied zu KERNBERG nehme ich projektive Identifizierungen auch bei Patienten mit einer reiferen Pathologie an. Zwischen den archaischen Objekten und Selbstanteilen, mit denen projektiv identifiziert wird auf der einen Seite und reiferen Objekten und Selbstanteilen, die aus der ödipalen Phase, der Latenzzeit oder der Adoleszenz stammen auf der anderen Seite besteht meines Erachtens ein Kontinuum. Im Rahmen von Übertragung kommt ein unbewußt manipulierendes Verhalten vor, das einfach eine Bestätigung von Übertragungsphantasien bringen soll. An das übertragene Objekt werden nicht nur Triebwünsche gerichtet, sondern auch der Wunsch, Verhaltensweisen eines Objekts wiederzuerleben, mit denen man vertraut ist. Diese Verhaltensweisen können durchaus unangenehm sein und als solche nicht gewünscht werden, sind aber ein Merkmal des vertrauten Objekts. (Familiarität, KÖNIG 1982, 1992a). Ich spreche von einer projektiven Identifizierung vom Übertragungstyp.

Interpersonelles Manipulieren kann sich auch mit anderen Abwehrmechanismen kombinieren. Zum Beispiel schlage ich vor, von einer *verschiebenden Identifizierung* zu sprechen, wenn eine Person, auf die verschoben wird, so beeinflußt wird, daß sie den Erwartungen entspricht. *Leugnung* kann sich mit einem Verhalten kombinieren, das eine Person dazu bringt, ein bestimmtes Verhalten so zu reduzieren, daß es »übersehen« oder als unwichtig erlebt werden kann. Man könnte hier von *leugnender Identifizierung* sprechen. Wichtiges wird zu unwichtig Erscheinendem gemacht. Wahrscheinlich können sich eine ganze Reihe von Abwehrmechanismen mit Identifizierungen nach der Art der projektiven Identifizierung kombinieren. Bei interpersonellen Inszenierungen, wie zum Beispiel ARGELANDER (1970) sie beschrieben hat, kombinieren sich vermutlich mehrere Abwehrmechanismen und ihre unbewußt manipulierenden Verhaltensweisen.

Isolierung vom Affekt – wenn das, was man denkt, nicht unerträgliche Gefühle hervorrufen soll
Isolierung aus dem Zusammenhang – wenn getrennt gehalten werden wird, was miteinander in Konflikt kommen könnte

Man kann bewußt bemüht sein, seine Gefühle zu »beherrschen«. Dem bewußten Beherrschen von Gefühlen entspricht auf einer tieferen Ebene der unbewußt ausgelöste und aus unbewußten Motiven aufrechterhaltene Abwehrmechanismus *Isolierung vom Affekt*. Im Lauf der Entwicklung wird meist von bestimmten Affekten isoliert, oft von aggressiven. In der Folgezeit kommt es zu einer Generalisierung. Die Isolierung vom Affekt wird Bestandteil des Charakters und betrifft alle Affekte (oft unter Einschluß der sexuellen Gefühle). Allerdings wird von den Affekten meist in unterschiedlichem Ausmaß isoliert. Der Affekt kann völlig fehlen oder nur gedämpft sein.

Natürlich äußert sich die Isolierung vom Affekt im Ausdrucksverhalten. Affekte, die nicht erlebt werden, werden in der Regel auch nicht ausgedrückt. Von dieser Regel gibt es Ausnahmen. Manche Menschen machen zum Beispiel ein böses Gesicht, ohne es zu merken. Sie fühlen sich nicht aggressiv, drücken Aggression aber mimisch aus. Man kann den Ausdruck von Affekten auch »spielen«, zum Beispiel kann jemand bei einem unerwarteten Besuch Freude ausdrücken, die er nicht empfindet. Affekte können auch stärker ausgedrückt werden, als sie empfunden werden. So kann jemand starke Freude über ein Geschenk ausdrücken, das gut gemeint ist, ihn aber nicht besonders freut.

Der Ausdruck eines Affekts kann »beherrscht« werden. Wird der Ausdruck lange Zeit unterdrückt, hat das oft Folgen auf das Erleben. Isolierung vom Affekt wird verstärkt eingesetzt. Dadurch wird Anstrengung eingespart, die notwendig ist, um den Ausdruck des Affekts zu beherrschen.

Manche Menschen affektualisieren habituell. Das heißt, die Intensität ihres Ausdrucks übersteigt regelmäßig die Intensität ihrer Gefühle. Man findet das bei hysterisch strukturierten Personen, aber auch entwicklungsspezifisch bei vielen Adoleszenten.

Oft ist eine Unterscheidung zwischen einem Fehlen und einem Nicht-Ausdrücken nur möglich, wenn man jemand nach seinen Gefühlen fragt und eine Antwort bekommt, die man für ehrlich halten kann. Entsprechendes gilt für das Affektualisieren. Da kann man erfahren, daß die Gefühle als mäßig oder gering beschrieben, aber intensiv ausgedrückt werden.

Patienten, die habituell stark vom Affekt isolieren, wissen inhaltlich oft viel über sich, weil durch die Isolierung vom Affekt mehr bewußt werden konnte als bei Menschen, die weniger vom Affekt isolieren. Sie sprechen frei über Inhalte, von denen man erwarten würde, daß sie schwer mitzuteilen sind, weil sie intensive Angst, Schuld- oder Schamgefühle hervorrufen müßten. Die Konstellation »viel Inhalt und wenig Affekt« liegt an einem Pol einer Ergänzungsreihe, auf der verschiedene Relationen von Inhalt und Affekt angesiedelt sein können, von der Konstellation »viel Inhalt und wenig Affekt« bis hin zu der Konstellation »viel Affekt und wenig Inhalt«.

Unter psychoanalytischen Therapeuten besteht wohl Einigkeit darüber, daß ein kathartisches Hervorbringen von Affekten ohne Einsicht wenig nützt; wenig nützt auch Einsicht ohne Affekt. Daß die Isolierung vom Affekt eine Psychotherapie behindern kann, wird kaum ein Therapeut bezweifeln. Anders sieht es schon bei der Bewertung von Patientenäußerungen aus, die viel Affekt enthalten und wenig Einsicht ermöglichen. Wenn Patienten ihren Ärger in aggressiven Äußerungen immer wieder ausdrücken, ohne sich zu fragen, warum sie sich so ärgern und ob es für sie wünschenswert sei, sich weiterhin und in aller Zukunft so zu ärgern, sprechen die meisten Therapeuten dieses Verhalten als einen Widerstand gegen Veränderungen an. Es gibt aber auch Therapeuten, die in solchen Affektäußerungen schon etwas therapeutisch Wirksames sehen und deshalb ein Verhalten bekräftigen, das den Patienten immer wieder in soziale Schwierigkeiten bringt. Ein solches Vorgehen ist natürlich unzweckmäßig.

Zweckmäßiger ist es, den Patienten auf seine Kränkbarkeit, seine Berechtigungsgefühle und seine mangelnde Impulskontrolle anzusprechen. Für einen affektisolierenden Patienten kann es *zunächst* einen Fortschritt bedeuten, wenn er irgendeinen Affekt herausbringt – und sei es auch in einer Form, die von der Umgebung schlecht toleriert wird.

Viele Patienten mit einer Zwangsstruktur machen im Laufe ihrer Therapie eine solche Phase durch. Ein derartiges Verhalten kann aber nicht das Endziel einer Behandlung sein. Dem Patienten und dem Therapeuten stellt sich vielmehr die Aufgabe, freigewordene Affekte nachzusozialisieren. Sonst setzen die Blockierungen bald wieder ein, weil die sozialen Schwierigkeiten zunehmen. Damit kann der Patient meist nur dadurch fertigwerden, daß er die Affekte wieder unterdrückt. Erlebt er sie weiter, drückt er sie aber nicht ungehemmt und ohne Rücksicht auf die Umgebung aus, ist das ein Fortschritt. Der Patient entwickelt Affekttoleranz und Impulskontrolle.

Die *Isolierung aus dem Zusammenhang* unterbricht Zusammenhänge. Im Unterschied zur Verschiebung stellt sie aber keine neuen her. Wahrnehmungen, auch Vorstellungen, die innere Konflikte auslösen könnten, wenn sie miteinander in Verbindung gebracht würden, werden aktiv getrennt gehalten. So kann ein Tötungsimpuls ins Bewußtsein durchbrechen, das Motiv des Tötungsimpulses bleibt aber unbewußt, so daß der Tötungsimpuls befremdlich oder erschreckend wirkt. Er wird ohne seinen Begründungszusammenhang bewußt. Deshalb wird er auch so gut wie nie ausgeführt.

Eine Frau, die den erschreckenden Zwangsimpuls empfindet, ihr Kind zu töten, das sie doch bewußt liebt, müßte heftige Schuldgefühle empfinden, wenn sie sich klarmachen würde, daß sie das Kind auch ablehnt – etwa, weil es von einem ungeliebten Mann stammt oder weil es sie an der Verwirklichung ihrer beruflichen Pläne hindert.

Bei den Zwangsimpulsen findet die Auflösung des Zusammenhangs gewissermaßen vertikal statt. Das Motiv bleibt unbewußt, der Handlungsimpuls wird bewußt. Es gibt aber auch »horizontale« Isolierungen aus dem Zusammenhang. *Verbindungen* zwischen bewußten Phänomenen werden ins Unbewußte abgedrängt, die Phänomene selbst bleiben bewußt. Würden die Zusammenhänge bewußt, käme es zu Konflikten. Auch diese Form der Isolierung findet man häufig bei zwanghaft strukturierten Menschen. Sie wirkt sich, wenn sie im Charakter verankert ist, in einer sehr umfassenden Weise aus. Zum Beispiel fehlt vielen zwanghaften Menschen der Blick für das Wesentliche. Sie sind nicht in der Lage, verschiedene Phänomene oder verschiedene Aspekte eines Phänomens nebeneinander zu stellen, um sie zu vergleichen. Das würde dann auch Entscheidungen erfordern, die für Menschen konflikthaft sind, die immer die richtigen Entscheidungen treffen »müssen«. Durch die Unterbrechung der Zusammenhänge bleibt die Entscheidung in der Schwebe. GOETHE läßt Mephisto im Faust I vom zwanghaften Wissenschaftler sagen: »... Dann hat er die Teile in seiner Hand, fehlt leider nur das geistige Band«. Manche Menschen, die stark aus dem Zusammenhang isolieren und sich deshalb schwer entscheiden können, halten sich auf ihre Vorsicht in der Beurteilung von Sachverhalten etwas zugute. Andere wieder leiden unter ihrer Entscheidungsschwäche. Auch in der Redewendung »Er sieht den Wald vor lauter Bäumen nicht« wird auf die Isolierung aus dem Zusammenhang Bezug genommen. Jemand, der den Wald vor lauter Bäumen nicht sieht, sieht vor Einzelheiten das

Ganze nicht, weil er die Einzelheiten voneinander getrennt wahrnimmt oder denkt.

Werden Zusammenhänge zwischen Erlebnisbereichen oder Beziehungsfeldern angesprochen, die der Patient bisher voneinander isoliert gehalten hat, hört man manchmal von ihm, daß er sich erleichtert fühlt. Als der Patient noch ein Kind war, mußte er die Herstellung bestimmter Zusammenhänge fürchten, als Erwachsener nicht mehr. Die Motivation für die Isolierung aus dem Zusammenhang erweist sich als Anachronismus. Auch Widersprüche im Verhalten der Eltern, die das Kind nicht ertragen hätte, sind dem Erwachsenen verständlich. Das Kind mußte mit den Widersprüchen per Isolierung aus dem Zusammenhang umgehen, weil das scheinbar widersprüchliche Verhalten der Eltern Unsicherheit und Angst erzeugte. Dafür reicht ein scheinbar widersprüchliches Verhalten der Mutter, je nach ihrer Tagesform: Die Mutter konnte manchmal freundlich, dann wieder unfreundlich und ungeduldig sein.

Besonders bei narzißtischen Eltern, die das Kind als Extension ihres Selbst erleben, ruft ein Aufmucken des Kindes bei den Eltern Angst oder Kränkung hervor, während sie das Kind sonst vielleicht auffordern, seinen Standpunkt zu vertreten und eigene Meinungen zu entwickeln, das aber nur gegenüber Außenstehenden oder in »didaktischen« Gesprächen mit den Eltern. Da kann es in der Therapie zunächst notwendig sein, die Wut des Kindes auf die Eltern wiederzubeleben und dann erst zu versuchen, die verschiedenen Aspekte der Mutter zu differenzieren und zu integrieren. Beim Bearbeiten unterschiedlicher, scheinbar oder real widersprüchlicher Verhaltensweisen der Eltern muß hier an der Isolierung aus dem Zusammenhang gearbeitet werden.

Ist das Isolieren aus dem Zusammenhang eine Charaktereigenschaft, tritt sie also nicht nur in bestimmten Situationen auf, sondern zeigt sie sich durchgehend, was einen aus den Zusammenhängen isolierenden Denkstil bedingt, *führt eine Konfrontation mit den Isolierungen meist zu einer Beunruhigung, die dann Zugang zu den Motiven ermöglicht,* weil der Patient sich eine Entlastung von der Beunruhigung verspricht, wenn er verstehen lernt, *was* ihn beunruhigt. Dagegen bleiben die Motive unzugänglich, wenn man nicht konfrontiert.

Bei der Arbeit am Isolieren aus dem Zusammenhang ist es aber schädlich, wenn der Therapeut nicht *auch* an den Motiven arbeitet, sondern sich darauf beschränkt, die Isolierungen aufzuzeigen. Er erweckt im Patienten dann den Eindruck, mit infantilen Inhalten könne er beim Therapeuten nicht landen. In diesem Zusammenhang erinnere ich an das Postulat von SANDLER und SANDLER (1985), Analytiker müßten ein großes Verständnis für das Infantile im Patienten haben und das den Patienten auch merken lassen.

Isolierungen aus dem Zusammenhang resultieren oft auch darin, daß Patienten eine Double-bind-Situation erleben, wo beim Berücksichtigen der Zusammenhänge ein Double-bind nicht gesehen würde. Patienten, die aus dem Zusammenhang isolieren, verstehen eine Situation nicht und erleben sie als verwirrend, die andere, nicht isolierende Patienten durchaus verstehen würden.

Ganze Lebensbereiche können voneinander isoliert werden. Manche Frauen können sich auf dem Gebiet der Sexualität gut gegen Fremdbestimmung wehren, in anderen Bereichen schwer oder gar nicht. Da Frauen auch heutzutage oft Partnerwahlen treffen, indem sie manche Angebote zurückweisen und andere annehmen, legt es ihnen nahe, auch in einer schon bestehenden Partnerbeziehung mit Sexualität per Zurückweisung umzugehen. Sie setzen Verweigerung der Sexualität unbedenklicher ein als in anderen Lebensbereichen. Oft besteht sogar ein Zusammenhang zwischen der Unfähigkeit, sich in anderen Lebensbereichen zu behaupten, und einer übersteigerten Selbstbehauptung im Sexuellen. Der eigene sexuelle Wunsch wird irrelevant, wenn es darum geht, Fremdbestimmung wenigstens in einem Lebensbereich abzuwehren.

Rationalisieren – wenn nur die vernünftigen Motive gedacht und erwähnt werden
Intellektualisieren – wenn die Ich-Funktion des Abstrahierens eingesetzt wird, um das eigene Erleben oder das Erleben anderer nicht zu stark werden zu lassen

Wer *rationalisiert*, sucht für sein Handeln rationale, das heißt hier, logisch konsistente Erklärungen. Gefühlshafte Handlungsmotive werden dabei außer acht gelassen. So kann zum Beispiel ein Richter begründen, warum er einen Angeklagten zu welcher Strafe verurteilt hat, und dabei außer acht lassen, daß der Betreffende ihm unsympathisch (oder sympathisch) ist und daß seine Gefühlseinstellung das Urteil beeinflußt hat. Jemand kann ein Auto kaufen und den Kauf mit Sicherheitsargumenten begründen, nicht mit der erreichbaren Geschwindigkeit oder dem Prestige, das ihm das Auto verspricht, weil er meint, daß Sicherheit vernünftig sei, schnell zu fahren oder sich durch ein Auto Prestige verschaffen zu wollen aber unvernünftig.

Wer *intellektualisiert*, begibt sich auf eine Abstraktionsebene, die ihn vom unmittelbaren Erleben entfernt. Wer intellektualisierend *denkt*, erreicht eine innere Distanzierung. Wer intellektualisierend *spricht*, ruft beim anderen weniger starke Wirkungen hervor, als wenn er konkreter würde. ANNA FREUD (1936) hat darauf hingewiesen, daß Intellektualisieren oft in der Pubertät vorkommt, wenn der Triebdruck ansteigt und das Intellektualisieren es erleichtert, mit den eigenen Triebwünschen umzugehen, die Angst machen würden, wenn sie direkter erlebt würden. Hier ist die innere Distanzierung wichtig, gleichzeitig verhindert das Intellektualisieren aber durch eine Minderung der Gefühle die Motivation, etwas zu tun, was der Betreffende im nachhinein mit seinem Über-Ich oder seinem Ich-Ideal nicht vereinbaren könnte oder was sozial schädlich wäre. Das Intellektualisieren verhindert also Impulshandlungen aufgrund von Triebwünschen oder eines allgemein angestiegenen Triebdrucks.

Während das Intellektualisieren zu den Abwehrmechanismen gezählt werden kann, die Beziehungen verträglich aufrechterhalten und deshalb auch in einer Therapie nicht allzu früh angesprochen werden sollten, dient das Rationalisieren der Selbstrechtfertigung und kann deshalb ein großes Hindernis in Therapien sein, aber auch ein Problem in Alltagsbeziehungen. Wer für sich in Anspruch nimmt, immer nur »vernünftig« zu handeln oder das Handeln anderer in verkennender Weise als nur rational begründet ansieht, obwohl es offensichtlich auch irrationale Anteile hat, bekommt Schwierigkeiten in Beziehungen. Die Phantasie, man könne sich durch ein nur rationales Verhalten in privaten Beziehungen beliebt machen oder deshalb anerkannt werden, erweist sich oft als trügerisch.

Freilich fordern bestimmte Berufe, wie eben der des Richters, Objektivität. Zu der gelangt ein Richter aber eher, wenn er seine irrationalen Impulse in der Beurteilung eines Angeklagten erkennt, überblickt und berücksichtigt, nicht wenn er sie leugnet. Daß Rationalisieren einen Bezug zum Leugnen haben kann, wird vor allem bei Menschen deutlich, die den Abwehrmechanismus der Leugnung besonders häufig einsetzen. Das ist meist bei Menschen mit sogenannten Frühstörungen der Fall. Solche Menschen wirken oft rechthaberisch; sie beharren darauf, daß sie vernünftig handeln – auch dann, wenn dem Beobachter sehr deutlich wird, daß irrationale Motive eine Rolle spielen. Die irrationalen Motive werden geleugnet. Rechthaberisches Verhalten bei frühgestörten Patienten kann nicht dadurch vermindert werden, daß man sich auf eine rechthaberische Auseinandersetzung einläßt, sondern nur dadurch, daß man versucht zu verstehen, was der Betreffende fürchtet und vermeiden oder verhindern möchte.

Intellektualisieren als Abwehrmechanismus kann von Menschen eingesetzt werden, die über ein gutes Abstraktionsvermögen verfügen, sonst aber konkret und unmittelbar erleben und sich ausdrücken können. Hier wird eine Ich-Funktion fallweise zu Abwehrzwecken eingesetzt. Sie kann dann zum Beispiel dazu dienen, Impulse unter Kontrolle zu halten, die sich aus einem Triebdruck ergeben. Andererseits gibt es aber Menschen, die zu einer konkreten und unmittelbaren Beschäftigung mit Denkinhalten gar nicht in der Lage sind. Abstrahieren wurde schon früh in der Entwicklung zu Abwehrzwecken eingesetzt, so daß sein habitueller Gebrauch in die Persönlichkeit eingegangen ist. Intellektualisieren stellt dann einen Denk- und Sprachstil dar. Meist aber besteht bei Menschen, die habituell zum Intellektualisieren neigen, eine Problematik fort, die ursprünglich schon den Gebrauch des Abstrahierens zu Abwehrzwecken veranlaßt hat.

So kann bei Menschen, die sich nach der Verschmelzung mit einem anderen sehnen und sie zugleich fürchten, weil sie dann ihre Identität verlieren würden, durch das Intellektualisieren zwischen dem Selbst und dem Objekt, zwischen dem Ich und dem Du, eine Schutzzone errichtet werden. Denkinhalte, Gefühle und Stimmungen werden in eine Form transferiert, die beim Intellektualisierenden selbst wie auch beim Anderen weniger Emotionen auslöst und den Wunsch des Intellektualisierenden nach Nähe verbirgt.

Das Intellektualisieren wirkt der Isolierung aus dem

Zusammenhang entgegen. Je höher die Abstraktionsebene, desto mehr tritt Gemeinsames hervor, zum Beispiel in der Abstraktionsreihe: Mutter – Frau – Mensch – Lebewesen. Alle Mütter sind Frauen, alle Frauen sind Menschen, alle Menschen sind Lebewesen.

Macht man sich das klar, fällt es leichter zu verstehen, daß schizoide Persönlichkeiten dazu neigen, Übertragungen zu entwickeln, die mit den konkreten Übertragungsauslösern wenig zu tun haben. Es genügt eben, daß es sich um eine Frau, einen Menschen oder ein Lebewesen handelt. Manchmal genügt schon das Bergende eines Gebäudes, um eine Mutterübertragung auszulösen. Dagegen sehen Zwanghafte eher die Unterschiede, das verbindende Gemeinsame blenden sie aus.

Bei Schizophrenen kann man beobachten, daß sie Verbindungen bei minimaler Ähnlichkeit herstellen. Die Ähnlichkeit kann sich auf rein Formales beschränken, bis hin zur sogenannten Klangassoziation. Wörter, die einander beim Anhören ein wenig ähneln, in ihrer Bedeutung aber nichts miteinander zu tun haben, werden mitsamt den durch sie bezeichneten Vorstellungen in eine Verbindung gebracht, die sich schwer nachvollziehen läßt.

Menschen, die viel intellektualisieren, üben dabei das Abstrahieren. Bei bestimmten Formen beruflicher Betätigung kann das nützlich sein. Andererseits gibt es intellektualisierende Schizoide, die den Kontakt zur Außenrealität so weit verlieren, daß ihre Schlüsse an der Realität vorbeigehen und ihre Denkprodukte in der Realität keine Anwendung finden können.

Zur produktiven Anwendung des Abstrahierens gehört eine gewisse Flexibilität. Die Endprodukte und auch die Zwischenprodukte des Denkens müssen immer wieder mit der Realität verglichen werden, damit der Bezug zu ihr nicht verloren geht. EINSTEIN, ein herausragender theoretischer Denker, war immer an *empirischer Überprüfung* interessiert (FÖLSING 1993).

Vom *hochabstrakten* Denken, das den Kontakt zur Außenrealität schließlich verliert, ist das *primärprozeßhafte* Denken zu unterscheiden. Zum primärprozeßhaften Denken ist im Prinzip jeder imstande, bei den meisten beschränkt sich diese Form des Denkens aber auf die Träume. Ungewöhnlich sind beim primärprozeßhaften Denken die Bedeutungen der Denkelemente und ihre Verknüpfungen. So kann ein Gegenstand für einen Körperteil stehen, zum Beispiel ein Kirchturm für den Penis und mit einem Kirchenschiff verknüpft sein, das Gewissenskonflikte symbolisiert. Ungewöhnliche Gegenstände enthalten oft die Bedeutungen mehrerer anderer Gegenstände, Körperteile oder Menschen. Sie können für komplexe Tätigkeiten stehen. Abstrakte Konzepte können durch Gegenstände symbolisiert werden. Die Denkelemente beim primärprozeßhaften Denken sind oft sehr anschaulich. Primärprozeßhaftes Denken kann auch bei Menschen mit einer geringen Fähigkeit zur Abstraktion vorkommen. Das gilt für Menschen in Kulturen, in denen das abstrakte Denken kaum praktiziert wird, und für jene Menschen in unserer westlichen Kultur, die nicht über die Begabung und Schulung zum abstrahierenden Denken verfügen.

Mit dem abstrakten Denken hat das primärprozeßhafte Denken *gemeinsam*, daß nicht die Objekte als ganze, sondern nur ein Teil ihrer Merkmale und Eigenschaften erfaßt werden und zur Darstellung kommen. Beim abstrahierenden Denken werden diese Merkmale und Eigenschaften aber entweder ausgewählt oder ein Merkmal oder eine Eigenschaft werden erst durch einen Abstraktionsschritt aufgedeckt. Das ist nicht unmittelbar zu beobachten.

Ungeschehenmachen – Verbotenes, das geschehen ist, wird durch ein Zauberritual entkräftet

Der Abwehrmechanismus des *Ungeschehenmachens* versucht die Folgen von Handlungen aufzuheben, und zwar durch ein *Gegenhandeln*, das faktisch unwirksam ist, dem aber eine symbolische Kraft zugeschrieben wird. Ungeschehenmachen hat eine gewisse formale Ähnlichkeit mit Wiedergutmachen, nur daß ein Wiedergutmachen reale Auswirkungen haben soll, während Ungeschehenmachen nur die *Illusion* erzeugt, das Schlimme sei rückgängig gemacht worden. Das Ungeschehenmachen hat den Charakter eines Zauberrituals.

Manche Autoren fassen auch eine Aufeinanderfolge von Überschreitungen der Gebote des Über-Ich und anschließenden *Bußvorgängen* als »Ungeschehenmachen« auf (z.B. Moore und Fine 1990). In einem Bußvorgang erfährt der Büßende dabei, daß er als Selbstbestrafung etwas Unangenehmes erlebt. Es gibt aber Bußvorgänge, die Zauberritualen sehr ähnlich sind. Es kommt dann weniger darauf an, daß der Betreffende etwas Unangenehmes tut oder zuläßt, um eine Schuld abzubüßen. Der Bußvorgang selbst wirkt nicht nur dadurch, daß er unangenehm und deshalb zur Buße geeignet ist, sondern darüber hinaus auch in einer magischen Weise. Magische Bußrituale findet man zum Beispiel bei Zwangsneurosen.

Patienten vollführen Handlungen, die unangenehm oder lästig sind, um schlimme Folgen einer eigenen Handlung oder eines eigenen Gedankens abzuwenden. Zum Beispiel berührt ein Patient bei einem solchen Bußritual dreimal mit der Stirn den Boden, weil er etwas »Schlimmes« gedacht hat. Ein anderer wieder, der sich in einer bestimmten Reihenfolge ausziehen muß, um Böses abzuwenden, zieht sich, wenn er die Reihenfolge nicht eingehalten hat, zusätzlich eine bestimmte Zahl von Malen an und wieder aus.

Magisches Denken – eine besondere Form von Kausalität wird vorausgesetzt

Magisches Denken ist dadurch charakterisiert, daß es kausale Verknüpfungen annimmt, die das Realitätsprinzip mißachten und durch Realitätsprüfung als unzutreffend nachgewiesen werden könnten. Eine solche Nachprüfung ist nicht immer möglich – entweder, weil Methoden dazu nicht vorhanden sind oder weil sich ihre Anwendung aus praktischen Gründen verbietet.

»Primitive« Völkerschaften wenden magisches Denken nicht nur deshalb an, weil sie keine andere Erklärungsmöglichkeiten für bestimmte Phänomene haben, sondern auch, weil sie sich den Kräften der Natur in besonderer Weise ausgeliefert fühlen; zudem verfügen sie nicht über eine naturwissenschaftlich begründete Medizin. Die Medizin solcher Völkerschaften ist meist ein Gemisch aus Erfahrungswissenschaft und magischer Beschwörung, wobei die magische Beschwörung auf dem Wege über die Psyche auf den Körper einwirken kann, so daß sie dann vielleicht wirkt. Aber auch in einer Industriegesellschaft werden magische Heilmethoden in Anspruch genommen, wenn die sogenannte Schulmedizin, also die naturwissenschaftlich begründete Medizin, an den Grenzen ihrer Möglichkeiten angelangt ist.

Im ganzen drängt der Zivilisationsprozeß magisches Denken zurück. Es kommt in nennenswertem Ausmaß vor allem noch bei Individuen vor, die infolge eines Entwicklungsstillstands auf einem früheren Entwicklungsstadium stehengeblieben sind, oder dann, wenn ein Vertrauen auf magische Vorgänge die letzte Hoffnung ermöglicht.

Es kann auch magisches Denken eingesetzt werden, wenn man eigene Initiative und eigene Anstrengung scheut. Was durch Arbeit erreicht werden könnte, erhofft man auf magischem Wege zu erlangen. Wunschdenken und magisches Denken gehen hier ineinander über. Eine

Konfrontation mit der Realität wird vermieden. Das spielt bei Psychotherapiepatienten eine Rolle, die schon lange an einer schweren psychischen Erkrankung leiden und dennoch erwarten, daß ein Psychotherapeut sie in Kürze heilt. Andererseits wirken die Fortschritte der Medizin oft wie magisch, besonders wenn sie noch frisch sind. Antibiotika nannte man im Englischen, als sie noch neu waren, »Magic Bullets«, also Zaubergeschosse. Die Fortschritte der Psychotherapie gestatten heute, auch psychische Krankheiten rascher und mit geringerem Aufwand zu heilen, als dies zur Zeit FREUDS möglich war, indem der Psychotherapeut sich auf symptomrelevante Konflikte konzentriert. Ich selbst erinnere die Behandlung eines Patienten mit einer fünfzehn Jahre lang bestehenden Herzneurose, zu deren Heilung 20 Sitzungen ausreichten, über ein Jahr verteilt. Dieses therapeutische Ergebnis mag einem Kollegen, der nur Langzeitanalysen durchführt, wie Zauberei (oder wie ein fauler Zauber) vorkommen, ich selbst kann mir aber erklären, wie es zustande kam, wenn ich die Behandlungsschritte nachvollziehe. Andererseits gibt es psychische Krankheiten, die immer einen hohen zeitlichen und auch finanziellen Aufwand erfordern, wenn man ihren Zustand bessern oder sie heilen will.

Rollenumkehr – Rollentausch bringt Einfluß und Macht

Eine grundsätzliche *Rollenumkehr* vollzieht sich während der normalen menschlichen Entwicklung. Aus Kindern werden Erwachsene, die wieder Kinder haben. Mit ihnen gehen sie in der Elternrolle um. Auch mit den eigenen alten Eltern, die »kindisch« geworden sind, kann ein Erwachsener ähnlich umgehen wie mit einem Kind.

Hiervon ist die Rollenumkehr als Abwehrverhalten zu

unterscheiden. Sie ist dann als ein *Abwehr*verhalten aufzufassen, wenn es dem Entwicklungsstadium nicht entspricht. So kann es geschehen, daß ein Kind dem Vater oder der Mutter gegenüber eine Elternrolle einnimmt. Wenn die Eltern dem Kind allerdings eine solche Rolle anbieten, nennt man das *Parentifizierung*, ein Begriff aus der Familientherapie. ANNA FREUD (SANDLER mit ANNA FREUD 1985, S. 159ff.) spricht auch von einer Umkehr des Aktivseins ins Passivsein. Im Rahmen einer Rollenumkehr kann man jemanden etwas erleiden lassen, was man von ihm selbst erlitt.

Bei der Rollenumkehr wird nicht lediglich ein Verhalten wiederholt, das die Eltern dem Kind gegenüber gezeigt haben. Das Kind verhält sich den Eltern gegenüber so, wie es die Elternrolle auffaßt. Es kann sich auch auf ein Verhalten der Eltern beziehen, das zeitlich weit zurückliegt. Erwachsene können anderen Personen gegenüber, zum Beispiel zu einem Therapeuten, die Elternrolle einnehmen und dabei ein »elterliches« Therapeutenverhalten übernehmen, wie sie es wahrgenommen haben. So kann das sparsame Sprechen eines Therapeuten als ein Elternverhalten interpretiert werden – der Therapeut als Erwachsener unterhält sich nicht mit einem Kind, das er einer Unterhaltung nicht für wert hält. In der Rollenumkehr schweigt dann der Patient. (Natürlich kann der Patient auch aus einer Kindposition heraus schweigen: »Kinder halten bei Tisch den Mund«.)

Insgesamt kann ein Patient in der Elternrolle gegenüber dem Therapeuten ein jedes Verhalten zeigen, das die eigenen Eltern ihm gegenüber an den Tag gelegt haben und das er im Therapeuten wiederzufinden meint. So kann ein Patient dem Therapeuten gegenüber die Rolle der sadistischen Mutter einnehmen. Er kann versuchen, den Therapeuten durch projektive Identifizierung in die Kindrolle *hineinzuzwingen*, indem er sich so verhält, daß der Therapeut durch sein Verhalten den Eindruck erweckt, ähnliche Empfindungen zu haben wie der Patient sie früher einmal als Kind hatte.

Die Rollenumkehr kann nur in der Phantasie des Patienten stattfinden, ohne daß sie von projektiver Identifizierung begleitet wird. Der Patient projiziert dann Selbstanteile, der Vorgang bleibt aber innerpsychisch und äußert sich nur insoweit in der Interaktion, als der Patient phantasiert, der Therapeut erlebe so, wie er selbst früher als Kind erlebt hat, und er sich dem Therapeuten gegenüber dann entsprechend verhält. Sein Verhalten ist ein Verhalten zum projizierten Selbstanteil, ohne daß der Therapeut diesem *real gleichgemacht* wird. Der Versuch einer projektiven Identifizierung kann sich aber immer noch anschließen, dann etwa, wenn der Therapeut zunächst ein Verhalten zeigt, das zur Projektion nicht paßt.

Bei den sogenannten frühgestörten Patienten spielt die Rollenumkehr eine große Rolle (z.B. KERNBERG 1988, KERNBERG et al. 1989). Bei Patienten mit labiler Ich-Struktur können die Rollen rasch wechseln, unter Umständen mehrmals während einer einzigen Behandlungsstunde.

Von solchen Vorgängen ist die *Übertragung einer Rollenumkehr* zu unterscheiden. Wenn ein Patient während seiner Kindheit die Rollen umgekehrt hat, kann er sein damaliges Erleben und Verhalten in der Therapie reproduzieren. Die Rollenumkehr hatte während der Kindheit die Qualität eines Abwehrvorgangs, jetzt wird sie lediglich wiederholt, ohne daß Signalangst oder die Angst vor Scham und Schuldgefühlen dieses Rollenverhalten auslösen müßten.

Altruistische Abtretung – sich mit einem anderen mitfreuen

ANNA FREUD (1936, SANDLER mit ANNA FREUD 1985) hielt die *altruistische Abtretung* für einen sozial wertvollen Abwehrmechanismus. Dieser Abwehrmechanismus findet sich bei vielen Angehörigen helfender Berufe. Man kann immer wieder beobachten, daß Ärzte und Sozialarbeiter beispielsweise auf eigenen, direkt erlebten Genuß verzichten, um anderen Menschen zu helfen. Sicher gibt es auch einen primären Wunsch, anderen etwas Gutes zu tun, ein solcher Wunsch kann aber auch damit zusammenhängen, daß man sich den Umgang mit bestimmten Lebensgenüssen nicht zutraut und sie deshalb in Identifizierung mit anderen erleben möchte. Bei zwanghaften Angehörigen helfender Berufe spielt es eine große Rolle, daß sie in der Position des *überlegenen* Helfers sein möchten.

In einem Gespräch mit SANDLER und anderen (SANDLER mit ANNA FREUD 1985) berichtete ANNA FREUD, daß sie das Theaterstück von EDMOND DE ROSTAND »Cyrano de Bergerac« als junges Mädchen auswendig konnte. In diesem Stück geht es eben um altruistische Abtretung. Ein häßlicher Mann verhilft einem gutaussehenden Freund dazu, eine Frau für sich zu gewinnen, die beide lieben. Er selbst ist durch eine übergroße Nase entstellt und rechnet sich deshalb bei der geliebten Frau keine Chancen aus. Er verhilft seinem Freund dazu, die Frau zu gewinnen, um sich in Identifizierung mit ihm an der Liebe der beiden freuen zu können.

Verdichtung – der Traumzensor schmilzt mehreres zu einem zusammen

Bei der *Verdichtung* werden mehrere Objekte oder Selbstanteile durch eine einzige Person oder einen einzigen Gegenstand dargestellt. Sie kommt in Träumen häufig vor.

Eine Verdichtung im Traum sucht man im allgemeinen dadurch aufzulösen, daß man den Patienten auffordert, zu den Traumelementen zu assoziieren. Dadurch erfährt man sicher etwas über den Patienten, und der Patient erfährt etwas über sich selbst. Man hat aber keine Gewähr, daß die Einfälle zu den ursprünglichen Bestandteilen des verdichteten Traumelements führen. Ein Traumelement kann im Wachzustand einfach als Assoziationsauslöser dienen, ohne daß die Assoziationen eine Verbindung mit dem Unbewußten haben und die Verdichtung rückgängig machen. Der eigene Traum wirkt dann wie ein projektiver Test. SCHWIDDER (persönliche Mitteilung) berichtete über eine Patientin, die einen erfundenen Traum in die Therapie brachte, ohne zu sagen, daß er erfunden war. SCHWIDDER ließ die Patientin zu dem Traum assoziieren und erlangte so wichtige neue Erkenntnisse, die auch die Patientin überraschten. Das kann schon deshalb nicht verwundern, weil es sich bei dem erfundenen Traum schließlich um eine Erfindung der Patientin handelte. Im Prinzip ist es aber auch möglich, zu einem fremden Traum zu assoziieren und dabei etwas über sich selbst zu erfahren. Der fremde Traum wirkt dann ebenfalls wie ein projektiver Test. Das kann man in Traumseminaren beobachten, wo über eine gewisse Anzahl von Sitzungen hin deutlich wird, daß bestimmte Teilnehmer jeweils bestimmte Einfälle zu bestimmten Kategorien von Traumelementen bringen, andere bringen andere Einfälle. Daraus lassen sich Rückschlüsse auf die Persönlichkeit der Teilnehmer ziehen.

Zwischen primärprozeßhaftem Denken, zu dem Verdichtung gehört, und dem Einsatz von Verdichtung als

Abwehrmechanismus, zum Beispiel im Dienst des Traumzensors, kann nicht immer deutlich unterschieden werden. Regression, die zu primärprozeßhaftem Denken führt, kann selbst Abwehrfunktionen haben, wenn sich der Regredierende aus einer gegenwärtigen Konfliktlage auf frühere Entwicklungsstufen zurückzieht. Bei kreativen Prozessen kann die Verdichtung im Rahmen einer Regression im Dienst des Ich vorkommen (KRIS 1935).

Sublimierung – Inakzeptables wird zu Akzeptablem, wenn man es akzeptabler tut
Ersatzbefriedigung – man nimmt, was man bekommen kann

Bei einer *Sublimierung* werden die ursprünglichen Modi der Triebbefriedigung durch sozial höher bewertete ersetzt. Das geschieht vermutlich im Vorbewußten oder *Gegenwartsunbewußten* (SANDLER u. SANDLER 1985). Dabei kann es sich um einen Anpassungsvorgang an die sozialen Verhältnisse handeln, oft auf dem Umweg über die Inhalte des Über-Ich oder des Ich-Ideals. Beispiele für eine anal motivierte Tätigkeit sind die Malerei oder das Modellieren in Ton. Ein Mensch, der Interesse am direkten Umgang mit Fäkalien hat, kann sich wissenschaftlich mit der ökologischen Beseitigung von Abwässern beschäftigen. Es gibt dauerhafte Ersetzungen der ursprünglichen Triebimpulse; sie werden dann Bestandteil des Charakters. Eine situativ bezogene Sublimierung kann ihren Anpassungswert auch verlieren, wenn die äußeren Verhältnisse sich ändern. Zum Beispiel kann jemand seinen Arbeitsplatz verlieren, wo er seine Triebwünsche in sublimierter Form untergebracht hatte. Er muß jetzt mit den Triebwünschen in anderer Weise umgehen. Dabei kann die Abwehr zusammenbrechen, Symptome können entstehen.

Ob es Sublimierung wirklich gibt und ob es sich nicht einfach um *Ersatzbefriedigung* handelt, ist immer wieder diskutiert worden (Literatur bei MERTENS 1992). In manchen Fällen, zum Beispiel bei einem sadistischen Zahnarzt oder einem sadistischen Lehrer, werden die Triebwünsche nicht sublimiert, sondern nur in einer verdeckten Form ausgelebt. Eine sublimierte Form der Triebbefriedigung kann auch die direkte Form symbolisch darstellen, so daß im Unbewußten des Betreffenden parallel zur sublimierten Triebbefriedigung eine direktere Triebbefriedigung abläuft.

Jemand, der bestimmte Triebimpulse sonst sublimiert, kann in direkte Formen der Triebbefriedigung zurückfallen. Das geschieht zum Beispiel während einer schweren Krankheit im Zustand der Regression (SANDLER mit ANNA FREUD 1985, S. 168ff.). Außerdem kann eine sublimierte Tätigkeit Triebwünsche mobilisieren, die nichts mit dem ursprünglichen Triebimpuls zu tun haben. Ein Sportler, der aggressive Triebimpulse im Fußballspiel unterbringt, kann dort auch exhibitionistische Triebwünsche befriedigen. Diese exhibitionistischen Triebwünsche können konfliktfrei sein. Sind sie aber konflikthaft, führen sie zum Beispiel zu Lampenfieber, das so stark werden kann, daß er beim Spielen Fehler macht, wodurch er die Bewunderung der Zuschauer schnell verlieren kann.

Ein sekundär mobilisierter und befriedigter Triebwunsch kann aber auch das hauptsächliche Motiv werden, eine Tätigkeit weiterzuführen, die zunächst einmal einen anderen Triebwunsch in sublimierter Form befriedigen sollte. Zum Beispiel kann sich jemand für das Fußballspiel interessieren, um aggressive Triebimpulse in sozial akzeptierter Form auszuleben, als Spieler Erfolg haben und schließlich in die Bundesliga gelangen. Die Möglichkeit, als Spieler bewundert zu werden, und natürlich auch die Möglichkeit, mit dem Fußballspielen viel Geld zu verdienen, sind dann wesentliche Motive, den Sport auszuüben. Im Vergleich zu ihnen kann der ursprüngliche Triebwunsch in den Hintergrund treten, vielleicht auch, weil der Betreffende sich im Materiellen mehr leisten kann und in diesem Bereich weniger Frustrationen ausgesetzt ist, die Ärger oder Wut erzeugen, und weil sein neugewonnenes Ansehen einen Kränkungsschutz darstellt. Auch SANDLER (SANDLER mit ANNA FREUD 1985, S. 168ff.) betont, daß eine Aktivität, die durch Sublimierung eines infantilen Triebwunsches zustande gekommen ist, von diesem Triebwunsch relativ unabhängig werden kann. Ebenso kann die Funktionslust stärker werden als der ursprüngliche Lustgewinn durch die Erfüllung des Triebwunsches.

Bei der *Ersatzbefriedigung* wird die Befriedigung eines Triebwunsches durch die Befriedigung eines anderen Triebwunsches ersetzt. Die direkte Befriedigung des primären Triebwunsches würde Angst, Schuldgefühle oder Schamgefühle erzeugen. Dabei muß sich die *soziale* Bewertung der Triebwünsche nicht unterscheiden. Wenn jemand bei sexueller Hemmung – oder auch bei sexueller Frustration, wenn eine Gelegenheit zur sexuellen Triebbefriedigung nicht besteht – auf übermäßiges Essen ausweicht, kann das sozial sogar negativer bewertet werden als wenn er sexuelle Triebimpulse in der ursprünglich gewünschten Form ausleben würde. Eine solche Ablehnung kann von ihm oder ihr auch als Bestrafung gewünscht werden, was dann schon einen Teil der Motivation ausmachen würde, zu viel zu essen.

Die Verhältnisse können aber noch komplizierter sein. Zum Beispiel kann Sexualität als Bestandteil einer Liebesbeziehung zu einem Partner oder einer Partnerin gewünscht werden. Ist eine solche Beziehung aber nicht möglich, kann es zu einem regressiven Vielessen kommen, dem auch wieder eine Beziehungsphantasie zugrunde liegt – nämlich die Phantasie, von der Mutter gefüttert zu werden. Im Unterschied zur sexuellen Beziehung handelt es sich hier um eine regressive Beziehungsphantasie, wobei die Person, die viel ißt, in ihrer Phantasie die Rolle der fütternden Mutter übernimmt: sie füttert sich selbst.

Vermeidung – den leichteren Weg gehen

Bei der *Vermeidung* handelt es sich um ein *Abwehrverhalten*. Der Unterschied zwischen einem Abwehr*mechanismus* und einem Abwehr*verhalten* ist, daß ein Abwehrverhalten durch einen Willensakt unterdrückt werden kann, auch wenn es scheinbar automatisch abläuft. Ein Abwehrmechanismus läuft ab, ohne daß ein Willensakt daran etwas ändern kann.

Vermeidung ist sehr verbreitet, sie ist die Folge unterschiedlicher Befürchtungen. Ein Agoraphober vermeidet auf der bewußten Ebene die Straße, weil er dort Angst bekommt. Auf der unbewußten Ebene wird vermieden, daß das eintritt, was gefürchtet wird: ein Durchbruch gefährlicher sexueller oder aggressiver Triebwünsche.

Menschen vermeiden, wenn sie um sich selbst fürchten; sie können aber auch vermeiden, wenn sie um andere fürchten. So kann jemand aggressive Auseinandersetzungen vermeiden, wenn er fürchtet, dabei den Kürzeren zu ziehen, aber auch weil er fürchtet, andere zu schädigen. Man kann nicht nur die eigene Schwäche fürchten, sondern auch die eigene Kraft.

Vermeidung ist immer kurzfristig gezielt und bringt oft Nachteile. Positiv wirkt sie sich nur aus, wenn es günstige Alternativen zum Vermiedenen gibt. So kann die Vermeidung bestimmter Situationen oder Vollzüge dazu führen, daß jemand früh einen für ihn geeigneten beruflichen Weg findet. So wird etwa ein Sportvermeider früh zum Intellektuellen.

Kontraphobisches Verhalten kann als ein Gegenstück

des Vermeidungsverhaltens aufgefaßt werden. Im Falle eines Menschen mit Dunkelangst, der Nachtwächter wird, kann das Ergebnis des kontraphobischen Verhaltens im ganzen positiv sein. Der Betreffende erlebt mit Befriedigung, daß er die Dunkelangst in seiner beruflichen Tätigkeit immer wieder überwindet. Vielleicht ist er sogar ein besonders gewissenhafter Nachtwächter, der trotz einer leichten Erkrankung, wegen der ein anderer krankgefeiert hätte, seinen Dienst versieht – eben weil er fürchtet, sich vorwerfen zu müssen, die Krankheit als Ausrede dafür benutzt zu haben, sich der Angst nicht auszusetzen.

Es gibt aber auch fehlgegangene kontraphobische Berufswahlen. Jemand wählt einen Beruf, für den er von seiner Begabung her nicht geeignet ist, nur weil er sich in diesem Beruf einer bestimmten Angst aussetzen müßte. So könnte zum Beispiel jemand, der kein Blut sehen kann, Arzt werden wollen, obwohl ihm auch sonst wichtige Voraussetzungen fehlen.

Vermeidung und kontraphobisches Verhalten haben gemeinsam, daß ein Motiv alle anderen Motive überdeckt. Die Angst vor einer Schädigung der eigenen Person oder anderer Personen oder eben die Kränkung, die daraus resultiert, daß man einer Angst nachgegeben hat, erhält einen unrealistisch hohen Stellenwert. Diese Motive überdecken alle anderen Motive – auch die Motive, die sich aus guten Gründen gegen eine bestimmte Berufswahl richten oder, allgemeiner gesagt, gegen ein bestimmtes Verhalten.

Natürlich gibt es rational begründete Vermeidung. Wer die Begabungen dafür nicht aufweisen kann, wird mit Recht eine bestimmte Berufswahl meiden, auch wenn die Eltern diese Berufswahl wünschen. Wer eindeutig schwächer ist als der Gegner, wird ihm auszuweichen suchen. Menschen, die wegen jeder Kleinigkeit Streit anfangen, meidet man im allgemeinen aus gutem Grund.

Daß ein Vermeidungsverhalten nicht nur aufgrund von

Rationalisierungen sinnvoll erscheinen kann, sondern gelegentlich sinnvoll ist, erschwert den therapeutischen Umgang mit Vermeidung. Oft ist das Problem des therapeutischen Umgangs ein Problem des Umgangs mit unzutreffenden Begründungen. Natürlich können auch andere therapeutische Probleme relevant sein, zum Beispiel ein unrealistisch geringes Selbstwertgefühl, das zu einem Vermeidungsverhalten führt, wo es in Anbetracht der tatsächlichen Kompetenzen nicht angemessen ist.

Vermeiden kann auch im Umgang mit einem neurotischen Symptom sinnvoll sein. Wer auf der Straße panikartige Angst bekommt, handelt im Grunde vernünftig, wenn er die Straße meidet. Dennoch kann eine wirksame Therapie darin bestehen, daß ein Therapeut den Betreffenden dazu anhält, sich der Angst auszusetzen. Das ist aber nur dann sinnvoll, wenn die Angstexposition in einer adäquaten Dosierung erfolgt, wie das bei der Verhaltenstherapie angestrebt wird.

Vermeidungsverhalten spielt in *jeder* Therapie eine Rolle. Der Therapeut muß dem Patienten mit einem *unrealistischen* Vermeidungsverhalten konfrontieren und ihn anregen, die Vermeidung ein Stück weit zu reduzieren – soweit, wie er es noch gut aushalten kann.

Gefühlsblockaden als Reaktionen auf Gefahren, Belastungen oder traumatische Ereignisse – Gefühle, die behindern können, werden abgeschaltet

Unter dem Einfluß eines traumatischen Ereignisses, zum Beispiel, wenn jemand einen nahen Angehörigen verliert, kann es zu einer *Blockierung aller Affekte und Stimmungen* kommen, zu einer Extremform der Isolierung vom Affekt.

Die *Isolierung vom Affekt* in ihren weniger extremen Erscheinungsformen betrifft meist ebenfalls nicht nur die gefährlichen Affekte, sondern oft auch andere. Zum Beispiel kann sie durch Angst vor eigenen aggressiven Impulsen ausgelöst werden, sich dann aber auf die sexuellen Empfindungen ausdehnen, so daß es zu sexuellen Vollzügen mit wenig Lustgefühl kommt.

Gefühlsblockaden unter dem Einfluß eines Traumas haben einen synergetischen Bezug zur Leugnung. Die Isolierung vom Affekt verhindert die unmittelbaren emotionalen Folgen eines Ereignisses oder einer Situation. Bei der Leugnung wird ein Ereignis oder eine Situation zwar wahrgenommen, in der *Bedeutung* aber geleugnet oder bagatellisiert. Die Leugnung hat auch sonst Bezüge zur Isolierung vom Affekt (siehe unter Leugnung).

Auf Verluste wird häufig mit einer Depression reagiert, die emotionales Reagieren einschränken kann. Bei einer ausgeprägten Depression sind Menschen nicht in der Lage, sich über irgendetwas zu freuen. In noch stärkerer Depression berichten Patienten, daß alle Gefühle fehlen.

Bei Menschen, die beruflich viel mit Sterbenden umgehen, tritt unter der Belastung, die das darstellt, oft eine Einschränkung des Mitgefühls auf. Es gibt Menschen, die sich nur im Beruf »ein dickes Fell zulegen« oder Menschen, die nur gegenüber bestimmten Patienten mit einem solchen dicken Fell reagieren. Es gibt aber auch andere, bei denen sich die Einschränkung des Mit-Fühlens auf das Privatleben ausdehnt. Oft sind sie aber doch imstande, in einer besonders geschützten Situation Mitgefühl zu empfinden – zum Beispiel, wenn sie sich im Kino oder am Fernseher einen Film ansehen.

Empathieblockaden sind um so spezifischer, je stärker die Selbst-Objekt-Grenzen ausgebildet sind. Schwache Ich-Grenzen müssen breiter geschützt werden, bei starken – nicht rigiden – Ich-Grenzen kann eher gleichsam auf- und zugemacht werden. Dann kann die Blockierung der Empathie selektiv sein. Menschen mit schwachen Selbst-Objekt-Grenzen müssen sich generell verschließen, weil die Alternative ein *generalisiertes* Aufmachen wäre. Der Beobachter erlebt solche Menschen als gefühllos und kann sich schwer denken, daß die Gefühllosigkeit aus einer Übersensibilität rührt. Wären diese Menschen nicht in dieser Weise gefühllos, müßten sie alle Gefühle anderer mitempfinden, was sie nicht aushalten könnten.

Man hört immer wieder von den verschiedensten Menschen, zum Beispiel auch von ungeübten Vortragenden, daß sie *Angst* empfinden, wenn sie eine gefährliche Situation erwarten, etwa einen Vortrag halten zu müssen, daß die Angst aber schwindet, wenn die Situation da ist. Vor Eintreten der Situation zielte die Angst auf Flucht ab, oder jedenfalls auf Vermeidung. In der Situation selbst würde eine Flucht aber deren aktive Bewältigung behindern. Voraussetzung für ein solches Verschwinden der Angst ist, daß die Situation eine aktive Bewältigung gestattet.

Objektneutralisierung und Selbstneutralisierung
– ein Mittel zu leichterem Verzicht

Mit dem Terminus *Objektneutralisierung* meine ich, daß jemand Objekte für unwichtig, unwesentlich und unattraktiv hält. Damit vermeidet er, daß es im interpersonellen Feld zu intensiven Beziehungen kommt, deren Auswirkungen unangenehm sein könnten. Droht einem, in Beziehungen enttäuscht oder gekränkt zu werden, und setzt man nun Objektneutralisierung ein, so erlebt man, an einem Umgang mit dieser bestimmten Person einfach kein Interesse zu haben.

Bei Trennungen vom Partner, also beim Verlust eines Objekts wird Objektneutralisierung dann eingesetzt, wenn die Kräfte oder die Zeit für eine Trauerarbeit fehlen. Jemand, der eine Trennung erlebt hat, sagt dann gleich oder bald nach dem Verlust, die oder der andere sei »gleichgültig« geworden. Befürchtet ein Mensch, in allen Beziehungen enttäuscht zu werden, kann sich die Objektneutralisierung auf »alle Menschen« beziehen. Sie kann aber auch geschlechtsgebunden sein, dann sind es »alle Männer« oder »alle Frauen«.

Ein Gegenstück zur Objektneutralisierung ist die *Selbstneutralisierung*. In einer gefährlichen Situation kann man den Eindruck haben, selbst unwichtig zu sein. Wichtig seien nur die zu erreichenden Ziele. Selbstneutralisierung erleichtert den Verzicht auf Lebensgenuß, auch den Verzicht auf Beziehungen oder auf die Beziehung zu einer bestimmten Person. Zwanghafte Menschen sind eher zur Selbstneutralisierung disponiert, depressive Menschen neigen mehr zur Selbstentwertung. Narzißtische Menschen neigen zur Selbstüberschätzung, oder dann, wenn sie mit den realen Eigenschaften ihres Selbst konfrontiert werden, zur Selbstentwertung. Objekte werden von ihnen meist neutral oder unwichtig erlebt, wenn sie nicht in das Selbst beziehungsweise die Selbstrepräsentanz integriert sind. Äußern Objekte sich kritisch, werden sie entwertet. Depressive schützt die Selbstneutralisierung vor Selbstvorwürfen – wer sich selbst nicht wichtig nimmt, braucht sich keine Vorwürfe zu machen. Religiöse Überzeugungen können der Selbstneutralisierung dienen.

Ich erwähnte es schon: Abschiede können durch Selbstneutralisierung erleichtert werden. Wer stirbt, findet vielleicht Erleichterung darin, sich vorzustellen, daß er im Vergleich zu den Kindern, die er hinterläßt, oder zu anderen Menschen, die ihm wichtig waren, unwichtig ist. Vieles, was man Altersweisheit nennt, basiert wahrscheinlich auf Selbstneutralisierung, die das Verzichten erleichtert.

Idealisierung – auf viele Weisen und zu vielen Zwecken

Bei einer *Idealisierung* werden dem Idealisierten Eigenschaften und Verhaltensweisen zugeschrieben, die den Idealvorstellungen des Zuschreibenden entsprechen. Diese Idealvorstellungen haben etwas damit zu tun, wie der Betreffende selbst sein möchte oder wie die Objekte sein sollten, mit denen er umgeht. Idealisierungen verhindern das Erkennen von Realität.

Idealvorstellungen von einem Objekt führt mit der Zeit zur Entwicklung einer idealen Objektrepräsentanz. Das ideale Objekt hat oft Eigenschaften, die bei realen Objekten vermißt werden. Entsprechend kann es zur Entwicklung einer idealen Selbstrepräsentanz kommen, wenn das Selbst als mangelhaft erlebt wird. Befindet sich das Kind während seiner Entwicklung oft und lange in Situationen, in denen es sich ohnmächtig, hilflos und verlassen fühlt, kann es ein *ideales Selbst* oder *Größenselbst* entwickeln, das omnipotent ist und andere nicht braucht.

Objektrepräsentanzen der Eltern als Vorbilder gehen über Identifikationsprozesse in das Ich-Ideal ein. FREUD gebrauchte den Ausdruck Ich-Ideal zunächst synonym mit dem Ausdruck Über-Ich; später wurden die beiden Begriffe differenziert. Meist bezeichnet man als Über-Ich eine Repräsentanz der Normen und Werte, nach denen sich jemand richten soll und die meist von der Familie, später auch vom Kindergarten, der Schule und von Peer-Groups vermittelt werden, manchmal auch, eingeschränkter, als Repräsentanz der Normen und Werte, die bestimmen, was jemand *nicht* tun soll. Das Ich-Ideal beschreibt nach dieser Auffassung, was jemand tun und wie jemand sein soll.

Ob man nun das ideale Selbst, das ein Größenselbst sein kann, oder das Ich-Ideal, das Bezug zu den Elternfiguren hat, aber im Gefolge von Identifikationsprozessen als Teil des eigenen Selbst erlebt wird, zum Modell für ideale Menschen nimmt, oder ob nicht in das Selbst integrierte ideale Objektvorstellungen die Modelle abgeben, hängt mit den Wünschen zusammen, die in einer bestimmten Situation auftreten. *Man idealisiert Menschen so, wie man sie braucht.* Zum anderen hat es aber auch etwas mit einer Tendenz zur Partnerwahl nach dem narzißtischen Typ oder nach dem Anlehnungstyp zu tun. Wer zu einer Partnerwahl vom narzißtischen Typ neigt, wird eher nach dem Modell des idealen Selbst idealisieren; wer Partnerwahlen vom Anlehnungstyp bevorzugt, erzeugt Idealisierungen nach dem Modell innerer Objekte.

Idealisierung hat eigentlich immer einen Abwehraspekt, weil sie die Wahrnehmung des anderen dergestalt verändert, daß sie der Realität nicht entspricht. Natürlich kann eine Idealisierung auch positive Auswirkungen haben. So wirken Vorbilder oft entwicklungsfördernd, selbst wenn sie nicht wirklich erreicht werden können. Nicht erreichbare Vorbilder können aber auch zur Resignation führen.

Idealisierung verhindert oft das Bewußtwerden aggressiver Gefühle und Impulse. So kann ein Patient einen Therapeuten idealisieren, um ihn nicht attackieren zu müssen.

Idealisierung, die das Bewußtwerden aggressiver Impulse verhindert, hat formal eine gewisse Ähnlichkeit mit der Reaktionsbildung. Bei der Reaktionsbildung werden Gefühle und Einstellungen durch ihr Gegenteil ersetzt. Wer eigentlich jemanden quälen möchte, empfindet starkes Mitleid mit ihm, wenn der sich in einer Situation befindet, in der er leidet. Der eigene Wunsch zu quälen bleibt unbewußt, nur sein Gegenteil tritt in das Bewußtsein. Entsprechend wird eine Außenperson idealisiert, damit sie nicht Auslöser für aggressive Gefühle wird.

Das gerade Gegenteil von Idealisierung ist *Entwertung*, die in dem, worauf sie sich bezieht, natürlich auch etwas mit den eigenen Bedürfnissen und Idealvorstellungen zu tun hat. Man kann allerdings nicht sagen, daß allen Idealisierungen, die aggressive Gefühle und Impulse verdekken sollen, Entwertungen zugrunde liegen. Manchmal stellt sich, wenn die Idealisierung analysiert wird, heraus, daß die Vorstellung von einem *bösen* Therapeuten durch die Idealisierung verdeckt werden soll. Liegt eine Entwertung zugrunde, besteht eher die Vorstellung von einem *inkompetenten* Therapeuten. Der böse Therapeut wäre moralisch zu verurteilen, der inkompetente Therapeut ist zu verachten.

Frisch Verliebte neigen dazu, den Partner zu idealisieren. FREUD (1905, S. 50) schrieb das dem Einfluß des Sexualtriebs zu und sprach von »Sexualüberschätzung«. Diese Art von Idealisierung stabilisiert die Beziehung zur geliebten Person. Tatsächlich gäbe es wohl immer irgendwo auf der Welt einen geeigneteren Partner. Die »Sexualüberschätzung« richtet die Wahl aber auf eine zugängliche Person aus. Später wird sie durch ein miteinander Vertrautsein ersetzt, oder die Beziehung geht auseinander, wenn nicht andere stabilisierende Faktoren hinzukommen.

Idealisierung kann auch passiv machen. So kann einem Therapeuten die Fähigkeit zugeschrieben werden, seine Patienten zu heilen, ohne daß sie in der Therapie mitarbeiten müßten. Jemand, der eine Partnerin oder einen Partner als unbegrenzt versorgend erlebt, kann sich passiv versorgen lassen, bis er den Partner damit überfordert. Hier entspringt die Idealisierung eigenen passiven Erwartungen. Der Partner wird in der Phantasie zu diesen Erwartungen passend geformt, oft wird er auch auf dem Wege der *projektiven Identifizierung* so beeinflußt, daß er sich ein gutes Stück weit verhält wie erwartet.

Idealisierungen sind gefährlich. Stellt sich schließlich heraus, daß die Idealisierung nicht zutrifft, enttäuscht das den Idealisierenden, und oft kränkt es ihn auch, weil er sich eben getäuscht hat. Dem Idealisierten kann auch ein bewußt täuschendes Verhalten zugeschrieben werden. Dem Idealisierten wird dann unterstellt, er habe durch ein Verhalten, das den idealisierenden Erwartungen entsprach, Boshaftigkeit oder Inkompetenz verbergen oder vielleicht materielle Vorteile für sich herausschlagen wollen.

Freilich gibt es Idealisierungen, die ein Leben lang anhalten. Besonders stabil scheinen Idealisierungen zu sein, die für das narzißtische Gleichgewicht des Idealisierenden notwendig sind. So kann sich die Frau eines Künstlers oder Wissenschaftlers – bisher sind es meist die Frauen – unter Aufgabe oder zumindest unter Hintanstellung persönlicher Interessen sehr für den Partner einsetzen und dadurch bewirken, daß er eine große Karriere macht, und sich dann an dem Glanz erfreuen, der mit auf sie fällt. Die Idealisierung bleibt hier aber nur stabil, wenn der Betreffende die Erwartungen an seine berufliche Kompetenz so weit erfüllt, daß es nicht doch zu einer Desillusionierung kommt.

Idealisierung zum eigenen narzißtischen Gewinn ist von der *altruistischen Abtretung* (siehe dort) zu unterscheiden. Bei der altruistischen Abtretung sind die Erwartungen an die Person, der abgetreten wird, weit geringer als die Erwartungen an eine Person, die narzißtische Zufuhr bringen soll. Wer seine eigenen Interessen altruistisch abtritt, fühlt sich oft schon belohnt, wenn es demjenigen, an den er seine Interessen abgetreten hat, nur gut geht. Natürlich darf der sich nicht als reiner Taugenichts erweisen, und die Frau, die sich für einen Künstler oder Wissenschaftler »aufopfert«, erwartet von ihm auch ein Mindestmaß emotionaler Zuwendung. Insofern kann man sagen, daß die Idealisierung zum eigenen narzißtischen Gewinn und die altruistische Abtretung zwar voneinander zu trennen sind, was die Motive und den Modus des Vorgehens angeht, daß zu den Voraussetzungen der Wahl einer

Person, die idealisiert wird, aber doch auch ein Mindestmaß weiterer positiver Eigenschaften gehört.

Wer idealisiert, um narzißtische Zufuhr zu bekommen, unterdrückt eigene Wünsche, »groß herauszukommen«. Wer seine eigenen Bedürfnisse und Wünsche altruistisch abtritt, verdeckt damit, daß es ursprünglich eigene Wünsche und Bedürfnisse waren.

Eine *Idealisierung des Therapeuten* bewirkt, daß seine Interventionen eine größere Bedeutung haben und leichter »geglaubt« werden, als ohne Idealisierung. Andererseits wird das Feld der Beziehungsmöglichkeiten, und damit wohl auch der Denkmöglichkeiten, eingeschränkt, auf dem der Patient sich in der Therapie bewegen kann. Der Zusammenhalt zwischen Patient und Therapeut wird nur scheinbar konsolidiert. In Wahrheit ist eine Beziehung, die sich auf Idealisierung gründet, immer auch labil, weil sie gefährdet wird, wenn die idealen Merkmale infrage gestellt werden.

Erfahrungen in der Beziehung mit einem idealisierten Therapeuten sind schwer außerhalb der therapeutischen Dyade anwendbar. Sie bleiben an die besondere Beziehung zum Therapeuten gebunden, oder sie führen zu negativen Erfahrungen, weil sie nicht in den Alltag passen.

In der Gruppentherapie kann nicht nur der Therapeut idealisiert werden, sondern auch die Gruppe. Der Interaktionsstil schränkt sich ein. Die Möglichkeiten des Transfers in das Alltagsleben der einzelnen Patienten werden oft geringer, weil das in der Gruppe Erlebte draußen nicht wiedergefunden werden kann.

Die meisten Therapeuten bemühen sich eher, eine negative Übertragung aufzulösen als eine positive. Während der Nutzen einer negativen Übertragung sich erst bei ihrer Auflösung herstellt, stützt, so meint man, eine positive Einschätzung des Therapeuten durch den Patienten die Arbeitsbeziehung. Das gilt aber nur für eine *milde* positive Übertragung. Eine Idealisierung oder die Übertragung früher einmal idealisierter Objekte weckt eher passive Wünsche nach magischer Heilung.

Läßt der Therapeut sich gern idealisieren, nimmt er die Arbeitsbeziehung unter Umständen als ein rationalisierendes Argument, das ein Nicht-Auflösen der Idealisierung rechtfertigt. Vielleicht ist ein Widerstand gegen das Auflösen einer idealisierenden Übertragung der häufigste Gegenübertragungswiderstand. Sicher gilt das für narzißtische Therapeuten.

Für nicht wenige Ausbildungskandidaten ist das Motiv, sich mit Psychoanalyse zu befassen, dem Wunsch ähnlich, sich mit Religion zu befassen; in einer unübersichtlichen Welt suchen sie nach Orientierung. Eine idealisierte Vater- oder Mutterfigur könnte ihnen die scheinbar geben. Der idealisierte Lehranalytiker steht dann für die idealisierte Psychoanalyse.

Für einen Lehranalytiker, dessen Position am Institut noch wenig gefestigt ist, stellt die negative Übertragung eines Ausbildungskandidaten auch ein berufliches Risiko dar. Während Patienten, die in Therapie kommen, vom Therapeuten oft nichts oder nur ganz wenig wissen, entstehen an den Instituten Bilder der einzelnen Lehranalytiker, die eben nicht nur durch die Erfahrung der Ausbildungskandidaten in Vorlesungen, Seminaren und Übungen determiniert sind, sondern auch durch die Berichte der Lehranalysanden. Der Lehranalytiker, bei dem mehrere Lehranalysanden eine Periode negativer Übertragung durchmachen, kann so leicht zu einer negativ beurteilten Person werden, die als Lehranalytiker nicht mehr gefragt ist. Die Befürchtung, daß die Idealisierung durch einen Ausbildungskandidaten negative Einschätzungen verbirgt, kann ein Motiv sein, die Idealisierung bestehen zu lassen.

Regression und Progression – Flucht entlang der Zeitachse oder sich Einstellen auf Übertragungsauslöser

Regression kann Abwehrzwecken dienen. Man kann sie dann als einen *Abwehrvorgang* bezeichnen. Regression hat Abwehrcharakter, wenn Gefahren dazu führen, daß ein früheres Funktionsniveau aufgesucht wird. Ursache kann eine Bedrohung für Leben oder Gesundheit sein. Aber auch innere Gefahren, zum Beispiel im Rahmen eines ödipalen Konflikts, der durch Aspekte aktueller Beziehungen reaktiviert wird, können Regression auslösen. Bei Gefahren für Leben und Gesundheit treten oft Wünsche nach einer versorgenden und schützenden Mutter auf. Bei einem in einer aktuellen Beziehung reaktivierten ödipalen Konflikt kommt es ebenfalls zu Wünschen, Erlebens- und Verhaltensweisen, die aus einer Zeit vor dem ersten Erleben dieses Konflikts stammen. Man spricht dann von einer Flucht in die Vergangenheit.

Das Gegenstück zur Regression ist die *Progression*: In einer gefährlichen Situation verhält sich jemand in einer erwachsenen Weise – erwachsener, als er es sich vorher zugetraut hätte und man es bei unbefangener Einschätzung von ihm erwarten würde. Hier findet eine Flucht in spätere Entwicklungsstadien statt, die vorher noch nicht erreicht worden waren. Auch jetzt werden sie nicht wirklich erreicht. Das Verhalten des Betreffenden ist nur in bestimmter, begrenzter Hinsicht progressiv und deshalb im Ganzen unharmonisch. Dabei überfordert er sich selbst. Man denke an eine längere Abwesenheit der Mutter einer zehnjährigen Tochter. Sie kann bei einer Tochter Regression und Hilflosigkeit auslösen, aber auch die Tendenz, nun die Mutter in der Familie zu ersetzen, zum Beispiel in der Betreuung jüngerer Geschwister, in gewisser Hinsicht aber auch als Partnerin des Vaters. Wenn die Belastung vorüber ist, kommt es oft nicht nur zu einer regressiven Bewegung zurück auf das Ausgangsniveau, sondern sogar zu einer Regression über das Ausgangsniveau hinweg.

Manche Kinder bleiben in der Progression stecken, was aktuell zu Konflikten führen kann, zum Beispiel mit der aus dem Krankenhaus zurückgekehrten Mutter, mittel- und langfristig auch zu Disharmonien in der weiteren Entwicklung. In anderen, günstigeren Fällen kann das Erleben eine Progression, für die der Betreffende eigentlich noch nicht reif genug ist, doch einen anhaltenden Entwicklungsschub auslösen.

Persönlichkeiten, die auf der Flucht vor Konflikten früherer Entwicklungsstadien gleichsam eine Notreife erfahren haben, fühlen sich auf dem erreichten Entwicklungsstadium unsicher. Es fehlt das Fundament der ausreichend bewältigten, vorangegangenen Entwicklungsphasen, während Merkmale der erreichten Entwicklungsphasen übermäßig betont werden. Das kann man zum Beispiel bei Männern und Frauen beobachten, die in ihrem Sprechen und in ihrem nonverbalen Verhalten viel Erotik und Sexualität ausdrücken, ohne in der Lage zu sein, Beziehungen aufrechtzuerhalten. Ein bekanntes Beispiel für eine solche Entwicklung beschreibt PARIS (1994) in seiner Biographie der Neopsychoanalytikerin KAREN HORNEY. Ihr fehle die Möglichkeit, Nähe und Distanz, Abhängigkeit und Autonomie realitätsadäquat und relativ angstfrei zu leben, bei gleichzeitig bestehender, intensiv kultivierter eigener Attraktivität für das andere Geschlecht.

Eine weitere wichtige Ursache von Regression kann die Übertragung sein. Bieten Menschen oder Gruppen von Menschen, aber auch Institutionen, Auslöser für die Übertragung frühkindlicher Objekte, kann es zu regressiven Verhaltensweisen kommen. Bei relativ gesunden Menschen äußert sich das im gelegentlichen Auftauchen von Wünschen nach Versorgung oder Verschmelzung, die durchaus genossen werden können. Solche Formen der Regression, etwa während eines Urlaubs, lassen sich als Regression im Dienste des Ich auffassen. Werden aber die kognitiven Funktionen des Ich durch die Regression mit erfaßt und damit beeinträchtigt, wie das bei den Zuschauern eines Fußballspiels vorkommen kann, hat die regressionsfördernde Übertragung destruktive Folgen, zum Beispiel in einem ungesteuerten aggressiven Handeln, das dem Umsichschlagen eines Säuglings entspricht.

Die Regression im Rahmen von Übertragungen spielt während einer Psychoanalyse eine große Rolle. Sie kann sich dort mit einer Flucht in die Vergangenheit kombinieren, die durch Konflikte auf einer bestimmten, durch die Übertragung reaktivierten Entwicklungsstufe ausgelöst wird. Diese Kombination gibt es natürlich auch im Alltagsleben. Übertragungen sind ubiquitär, und bei vielen Übertragungen kommt es zu einer Reaktivierung früherer Konflikte.

Wird Regression nicht nur durch Übertragung, sondern auch oder ausschließlich durch innere oder äußere Gefahren hervorgerufen, kann man sie als eine innerpsychische Form der *Vermeidung* verstehen. Entsprechendes gilt auch für progressive Bewegungen, die nach vorn von einer Konfliktebene wegführen. Die regressiven oder progressiven Bewegungen werden im deskriptiv unbewußten Anteil des Ich in Gang gesetzt. Der Betreffende bewegt sich innerpsychisch, aber auch in seinem Erleben und schließlich in seinem äußeren Verhalten von einer Konfliktebene weg in einen anderen Entwicklungsbereich, um die Konflikte, von denen er sich wegbewegt, zu meiden. Die Flucht macht, wie FREUD (z.B. 1916/17) schon ausführte, dann oft auf einer Entwicklungsebene halt, auf der es dem Betreffenden besonders gut gegangen ist – etwa weil eine Verwöhnung stattgefunden hat. Manchmal wird so auf einer Entwicklungsebene haltgemacht, wo sich der Betreffende sehr passiv fühlt oder wo Konflikte angetroffen werden, die den Betreffenden nicht loslassen. Dann kann eintreten, daß es ihm schlechter geht als vorher, daß er sich aber aus den nun angetroffenen, durch die Regression reaktivierten Konflikten nicht befreien kann – vor allem dann, wenn eine Regression auf andere, noch tiefere Entwicklungsstufen nicht möglich ist.

Depersonalisation, Derealisation – die Wahrnehmung des eigenen Körpers oder der Umwelt wird verändert, um Schaden zu verhüten

Bei der *Depersonalisation* kommt es zu Veränderungen der Körperwahrnehmung. Teile des Körpers erscheinen in der Größe verändert, so kann der Kopf als »groß wie ein Kürbis« empfunden werden. Der Körper wird während einer Depersonalisation oft nicht als etwas Eigenes wahrgenommen. Patienten berichten, daß sie »neben ihrem Körper stehen«, womit sie ausdrücken wollen, daß sie sich nicht fest in ihrem Körper lokalisiert empfinden und ihren Körper wie etwas Fremdes erleben.

Depersonalisation hat eine Ähnlichkeit mit schizoiden Störungen in der Wahrnehmung des eigenen Körpers. Zur Illustration eine Anekdote: Ein Schizoider macht mit einem Freund eine Wanderschaft. Die beiden übernachten in einer Berghütte. Einige Zeit nachdem das Licht gelöscht ist, fängt der Schizoide an, mit den Zähnen zu klappern. Der Freund macht wieder Licht und sieht, daß die Beine des Schizoiden nicht zugedeckt sind, sondern aus dem Bett hängen. Er sagt dem Schizoiden: »Warum nimmst Du die Beine nicht unter die Decke?« und der antwortet: »Was? Die kalten Beine zu mir ins warme Bett?«

Wahrnehmungsstörungen der eigenen Körpermaße kommen bekanntlich auch bei Patienten mit Magersucht und bei Fettleibigen vor. Die Magersüchtigen erleben sich meist dicker als sie sind, die Fettleibigen dünner. Nicht zu den Störungen des Körperschemas würde ich ein »noch nicht zu Hause sein im eigenen Körper« bei pubertierenden Mädchen (und Jungen) rechnen, doch wahrscheinlich gibt es fließende Übergänge zur Magersucht.

Eine Depersonalisation im Sinn eines Abwehrvorgangs erkennt man daran, daß sie in einer auslösenden Situation entsteht und meist einen zeitlich genau definierten Anfang hat. Das hat die Depersonalisation im übrigen mit der Angstsymptomatik gemeinsam, die oft rasch auftritt und dann, wenn überhaupt, nur langsam wieder abklingt.

Vermutlich hat die Depersonalisation oft das Ziel, ein Umsetzen von Impulsen in motorisches Handeln zu erschweren. Hierin hat sie sicher Ähnlichkeit mit der Konversion. Die Impulse, um die es geht, sind nach meinen Erfahrungen fast immer aggressiver Natur.

Bei der *Derealisation* wird die *Umwelt* verändert erlebt. Sie wirkt für den Derealisierenden unlebendig, ohne Aufforderungscharakter. Wahrscheinlich handelt es sich beim Derealisationserlebnis auch um eine allgemeine menschliche Reaktion, zu der es kommt, wenn aus inneren oder äußeren Gründen unerträgliche Affekte aufzutreten drohen oder der Betreffende so handeln könnte, daß er seine eigene Lebenssituation wesentlich verschlechtert. Depersonalisation und Derealisation verändern nicht nur die Wahrnehmung des eigenen Körpers und der Umwelt. Die Art der Veränderungen kann auch einen Symbolgehalt haben. Manchmal wird die Umwelt als bedrohlich erlebt, wobei aggressive Impulse in die Umgebung projiziert werden. Derealisationserleben kann aber auch unmittelbar ausdrücken, daß eine Person, der Aggressionen gelten könnten, geschützt werden soll. So kann ein Patient zum Beispiel sagen, daß er den Analytiker weit weg erlebt, »etwa 50 Meter«. Es ist einzusehen, daß direkte körperliche Angriffe des Analysanden auf den Analytiker aus dieser Entfernung schwer möglich wären. Derealisation tritt wie Depersonalisation auf, wenn große äußere Gefahren drohen. So können gefährliche Personen weit weg oder stark verkleinert wahrgenommen werden, oder die eigene Person wird so verändert, daß ihr die drohende Gefahr scheinbar nichts anhaben kann (»Ich stehe neben meinem Körper«).

Wenn jemand erlebt, daß sein Kopf groß wird wie ein Kürbis, kann das auch heißen, daß er meint, einen großen Kopf zu brauchen, um die Informationen unterzubringen, um die es aktuell geht – daß dieser Kopf aber nicht in der Lage ist, Informationen zu verarbeiten, ebenso wenig wie ein Kürbis das wäre. Entsprechendes kann natürlich für Impulse gelten. Die Depersonalisation, ähnlich wie die Derealisation, lädt zu Interpretationen ein. Man geht dann davon aus, daß es sich um eine durch Abwehr veränderte Darstellung von psychischen Inhalten handelt.

Auch in dieser Hinsicht haben Depersonalisation und Derealisation eine Ähnlichkeit mit der *Konversion*, in der sich oft Impulse und Abwehr gleichzeitig ausdrücken. Das gilt für den großen hysterischen Anfall, den »Arc de Cercle«, der sexuelle Wünsche und ihre Abwehr pantomimisch ausdrückt, ebenso wie für die Beinlähmung einer verheirateten Frau, die eine Verabredung mit einem Mann hat, der ihr Liebhaber werden könnte, und die durch eine Beinlähmung daran gehindert wird, zum Rendezvous zu gehen.

Dennoch sind Depersonalisation und Derealisation auf der einen Seite, Konversionssymptome auf der anderen Seite unterschiedliche Phänomene. Derealisation und Depersonalisation haben einen Bezug zur Frühstörung. Konversion hat einen Bezug zur ödipalen Konfliktthematik. Die Konversion hat immer auch Mitteilungscharakter. Zum Beispiel sagt die Beinlähmung der Frau, die ihren prospektiven Geliebten aufsuchen wollte: »Ich kann nicht gehen und muß schon deshalb treu sein«.

Dagegen ändern Depersonalisation und Derealisation

das Erleben dessen, der sich depersonalisiert oder der seine Umwelt derealisiert. Eine Botschaft wird aber nicht unmittelbar ausgesandt. Dazu ist es erst nötig, daß der oder die Betreffende über sein Erleben spricht. Man könnte auch sagen, daß Depersonalisation und Derealisation *mehr* der innerpsychischen Ökonomie dienen, die Konversion *mehr* der interpersonellen Ökonomie.

Der Einsatz von Abwehrmechanismen bei Schwächen der Ich-Funktionen – Belastungen des Ich werden selektiv vermindert

Im einführenden Kapitel habe ich erwähnt, daß alle Ich-Funktionen zu Abwehrzwecken eingesetzt werden können. Das gilt zum Beispiel für die Ich-Funktion des abstrahierenden Denkens, die im Intellektualisieren Abwehrcharakter hat. Abwehrmechanismen können aber auch eingesetzt werden, um die Aufgaben einer Ich-Funktion zu erleichtern. Man kann sagen, daß eine *Schwäche von Ich-Funktionen den Einsatz von Abwehrmechanismen* erforderlich macht, auf die sonst verzichtet werden könnte. Das gilt besonders für die Ich-Funktionen Angsttoleranz, Frustrationstoleranz, Toleranz für Schamgefühle und für Schuldgefühle und die Impulskontrolle. Abwehrmechanismen dosieren Affekte so, daß sie von den vorhandenen Ich-Funktionen bewältigt werden können und nicht zu einem sozial inadäquaten Handeln führen. *Verdrängung, Leugnung, Bagatellisieren, Isolierung vom Affekt*, aber auch *Verschiebung* und *Projektion* können mit dem Ziel eingesetzt werden, den Funktionszustand des Ich der Stärke seiner Angsttoleranz anzupassen. Die Intensität der Affekte und auch der Stimmungen – man denke an depressive Stimmungen – wird durch den Einsatz von Abwehrmechanismen auf einem Niveau gehalten, auf dem die

Ich-Funktionen mit ihnen noch umgehen können. Sonst käme es zu unerträglichen inneren Spannungen, zu sozial inadäquatem Handeln oder zur Lähmung des Ich durch eine Überflutung mit Gefühlen. Dann kann es zum Beispiel geschehen, daß jemand in einem Zustand großer Angst überhaupt nicht mehr handeln kann; er kann weder angreifen noch fliehen, noch die Angst, ohne zu handeln, aushalten.

Natürlich verursacht der Einsatz von Abwehrmechanismen »Kosten«. Die Realitätsprüfung wird beeinträchtigt, so daß vielleicht eine Gefahr gar nicht oder zumindest nicht in ihrem vollen Ausmaß oder nicht rechtzeitig erkannt wird. Entsprechendes gilt für Leugnung und Bagatellisieren, aber auch für die Isolierung vom Affekt.

Die Isolierung vom Affekt schränkt die emotionalen Beziehungen ein, nicht nur die innere Erlebnisfähigkeit. Projektionen stören die Beziehungen, weil sie zu Verkennungen führen, die ein sozial inadäquates, Beziehungen gefährdendes Handeln zur Folge haben können. Jemand, der in einer bestimmten Situation Abwehrmechanismen einsetzen muß, um seine Ich-Funktionen nicht zu überfordern, wird einem anderen gegenüber, dessen Ich stark genug ist, um die Reaktionen auf die Situation ungemindert ertragen zu können und mit ihnen umzugehen, oft im Nachteil sein.

Frühstörungen

Abwehrmechanismen bei Frühstörungen – was ist anders?

Unter *Frühstörungen* versteht man Störungen der psychischen Entwicklung, die früh im Leben entstehen, meist in den ersten drei Lebensjahren, vielfach auch schon im ersten. ANNA FREUD (z.B. 1965) sprach von einer *Entwicklungspathologie* und stellte sie der reiferen *Konfliktpathologie* gegenüber. Bei einer sogenannten Konfliktpathologie ist das Ich nicht stark und flexibel genug, und es hat nicht genügend psychosoziale Kompetenzen erworben, um mit bestimmten Konflikten umzugehen. Das erwachsene Ich kann sich bezüglich seiner Kompetenzen auch unterschätzen. Die Konflikte müssen dann mit Hilfe von Abwehrmechanismen aus dem bewußten Ich ferngehalten werden. Liegt eine *Entwicklungsstörung* vor, ist die Schwäche des Ich von stärkerem Ausmaß; Konflikte können vom Ich kaum bewältigt werden. Der Betreffende verfügt aber auch nicht über genügend ausgebildete reife Abwehrmechanismen, die erforderlich wären, um Konflikte aus dem Ich fernzuhalten. Die Konflikte bleiben bewußt, ihre Bedeutung wird aber *geleugnet*. Ein großer Teil der Konflikte wird durch Projektion und projektive Identifizierung aus dem Ich in die Außenwelt externalisiert.

Das Ich des Betreffenden kann auch nicht ertragen, sich damit zu konfrontieren, daß er selbst, aber auch Personen in der Außenwelt und Personen, an die er sich erinnert, gute *und* schlechte Eigenschaften haben können. Da er sich selbst und andere Menschen unreif-archaisch erlebt, sind Eigenschaften, die als gut oder als schlecht (böse) erlebt werden, so stark ausgeprägt, daß sie nicht koexistieren können. Das Schlechte oder Böse an ihm und an anderen muß gewissermaßen in einem Reservat »schlechtes oder böses Selbst« beziehungsweise in einem Reservat »Schlechtes oder böses Objekt« untergebracht werden, um das Gute nicht zu kontaminieren. Dann kann das Schlechte oder Böse auch leichter bekämpft werden, ohne das Gute zu gefährden. Auch das »Gute« wird zu seinem Schutz in ein Reservat eingesperrt. Man sagt, daß das Selbst und daß die Objekte *aufgespalten* werden, eben in »Gut« und in »Schlecht« oder »Böse«. Den Vorgang nennt man Spaltung, man rechnet ihn zu den Abwehrmechanismen.

Bei reifen, nicht regredierten Menschen tritt Spaltung normalerweise nicht auf. Jeder Mensch kann aber doch spalten, und zwar im Zustand tiefer Regression, wie sie in unstrukturierten Großgruppen auftritt, zum Beispiel bei den Zuschauern in einem Fußballstadion, die Anhänger der gegnerischen Mannschaft als Feinde erleben können.

Die Diskussion darüber, ob es sich hier um sogenannte primitive Abwehrmechanismen handelt, die schon früh im Leben angewandt wurden, in einem Entwicklungsstadium, auf das ein erwachsener Mensch regredieren kann, oder ob es sich um Abwehrmechanismen handelt, die der Erwachsene einsetzt, um mit den Auswirkungen von Regression umzugehen, hat noch zu keiner Entscheidung für die eine oder andere Hypothese geführt.

Man unterscheidet Ich-Regression und die Regression auf eine frühere Stufe der Triebentwicklung, zum Beispiel von der ödipalen auf die anale oder die orale Stufe. In der Ich-Regression werden bestimmte Ich-Funktionen außer Kraft gesetzt, zum Teil sogar die Funktion der Realitätsprüfung. Dagegen kann eine partielle Regression »im Dienst des Ich« (KRIS 1935) eine kreative Verarbeitung regressiven Erlebens ermöglichen.

Zu den sogenannten primitiven Abwehrmechanismen rechnet man, neben der schon erwähnten Spaltung des Selbst und der Objekte, massive Formen der Leugnung, die primitive Idealisierung, bestimmte Formen, nicht jede der projektiven Identifizierung (vgl. aber KERNBERG 1988).

In einer Therapie müssen bei einer Entwicklungsstörung reife Abwehrmechanismen, die an die Stelle der primitiven Abwehrmechanismen treten könnten, erst entwickelt werden, wenn sie noch nie vorhanden waren. Waren sie aber vorhanden und sind sie nur unter dem Einfluß massiver innerpsychischer Konflikte gelähmt, liegt die Hauptaufgabe der Therapie in der Bearbeitung der Konflikte.

Natürlich ist es problematisch, alle Ich-Funktionen in einen Topf zu werfen. Manche Ich-Funktionen, wie die Realitätsprüfung, setzen lediglich gegeneinander abgegrenzte innerpsychische Strukturen voraus. Andere, wie die Beurteilung des eigenen Verhaltens in seiner Wirkung auf andere, sind außerordentlich komplex und beanspruchen auch Subfunktionen, die wiederum komplex sind, zum Beispiel die Fähigkeit zur Empathie, die Fähigkeit, soziale Erfahrungen einzuordnen und daraus zu lernen, die Fähigkeit, unangenehme Affekte zu ertragen und mit ihnen umzugehen – unangenehme Affekte, die in allen Beziehungen auftreten können. Zum Beispiel kann ein besonders unbekümmertes Verhalten etwas damit zu tun haben, daß Gefahren nicht richtig eingeschätzt werden, weil dazu Angst als orientierender Affekt nötig ist und Angst unterdrückt werden muß, weil es an Angsttoleranz fehlt.

Therapeuten, die im Umgang mit entwicklungsgestörten Patienten erfahren sind, wissen, wie schwierig der Umgang mit Kranken ist, die unter einem Mangel an sozialen Kompetenzen leiden, und wie schwer soziale Kompetenzen zu entwickeln sind. Dazu ist es erst einmal nötig, daß der Betreffende Beziehungen überhaupt aushalten kann und daß andere ihn in Beziehungen aushalten. In einer psychotherapeutischen Klinik oder Tagesklinik wird man es den Patienten erleichtern, Beziehungen aufzunehmen. Dort können Patienten sich auch eine Vielzahl an »faux pas« leisten, Übertretungen und Verstöße im sozialen Verhalten bis hin zu einem Verhalten, das im Alltagsleben zum Abbruch einer Beziehung führen würde.

Sogenannte »reife« Abwehrmechanismen, also Abwehrmechanismen höherer Ordnung nach KERNBERG (1988), werden, wie oben schon angedeutet, von sogenannten primitiven Abwehrmechanismen auch bezüglich des Ortes ihrer Einwirkung unterschieden. Die Abwehrmechanismen höherer Ordnung verhindern, daß gefährliche Triebwünsche aus dem Unbewußten ins Bewußtsein vordringen. Dagegen sind Konflikte, mit denen der Abwehrmechanismus der Spaltung umgeht, im bewußten Ich lokalisiert. Die Spaltung, ich habe es schon erwähnt, isoliert gleichsam die Konfliktpartner. Verschiedene Wünsche werden in verschiedenen Teilen des Ich gehalten, wobei jeweils nur ein Ich-Bereich »in Betrieb« ist. Von den anderen Ich-Bereichen weiß die Person, für das aktuelle Erleben sind sie aber nicht von Belang.

Zu den primitiven Abwehrmechanismen zählt KERNBERG auch die *primitive Idealisierung*. Bei der primitiven Idealisierung wird die Realitätsprüfung sehr stark eingeschränkt. Leugnungsmechanismen verhindern, daß Wahrnehmungen, die zur Idealisierung nicht passen, einen wesentlichen Stellenwert erhalten. Die selektive Aufmerksamkeit ist auf die Wahrnehmung positiver Merkmale gerichtet, deren Stellenwert übersteigert wird. Das Gegenstück der primitiven Idealisierung ist die *primitive Entwertung*.

Auch die stark ausgeprägte *Leugnung* gilt für KERNBERG

als primitiver Abwehrmechanismus. Omnipotenzphantasien werden zur Abwehr von Ohnmachtsgefühlen eingesetzt. Auch neurotische Patienten ohne eine Neigung zu Omnipotenzphantasien können phantasieren, später einmal »ganz groß rauszukommen«, während sie sich jetzt in einer unbefriedigenden sozialen Situation befinden. Ein Mensch mit Omnipotenzphantasien meint aber *jetzt*, nicht nur später, nicht nur potent, sondern omnipotent zu sein. Jedenfalls haben seine Phantasien diesen Charakter, auch wenn er es als eine Unterstellung zurückweisen würde, daß er sich wirklich für »allmächtig« halte – das wäre eine Überzeugung, die nur für Psychosen zutrifft.

DORPAT (1979; vgl. auch REICH 1995) erklärt die Spaltung im wesentlichen durch den Einsatz von Leugnung. Alles am Selbst und an den Objekten wird geleugnet, was nicht zu »gut« oder »böse« paßt. Idealisierung oder Entwertung können sich unterstützend mit der Leugnung kombinieren. Das führt dazu, daß nicht nur realistisch gute und realistisch böse Aspekte gesehen werden, sondern unrealistisch gute und unrealistisch böse Eigenschaften das Bild von den guten und den schlechten oder »bösen« Objektanteilen ausmachen.

Bei den frühgestörten Patienten spielt oft eine Abriegelung des Über-Ich eine große Rolle. Wir haben es in solchen Fällen mit Menschen zu tun, die sich nur dann ethisch begründbar verhalten, wenn sie dazu von außen gezwungen werden; man hat den Eindruck, ein Über-Ich sei nicht vorhanden. In Wahrheit ist es wahrscheinlich nur eingekapselt. Welche Abwehrmechanismen daran beteiligt sind, bedarf noch weiterer Untersuchungen. Es könnte sich um Verdrängung handeln; sicher spielt aber auch das Leugnen eine Rolle. Der Betreffende weiß, daß er Unrecht tut, wenn niemand ihn von außen zu einem anderen Verhalten zwingt, wenn das Unrechttun den eigenen Wünschen entspricht; und er weiß, daß er sich »eigentlich« unrecht verhält. Es hat für ihn aber keine Bedeutung, daß er sich unrecht verhält. Eine Abschwächung der Einflüsse des Über-Ich kombiniert sich oft mit einer Tendenz zum Rationalisieren. Schuldgefühle sind dabei gering oder treten gar nicht auf. Solche Menschen bezeichnet man als Soziopathen.

Schuldgefühle können bei frühgestörten Patienten aber auch in hohem Maße vorhanden sein. Das Über-Ich ist archaisch streng. Soziopathen fühlen sich weit besser als Menschen mit einem manifest überstrengen Über-Ich. Wen man als schwer krank bezeichnen soll, hängt von den Kriterien ab. Der Soziopath ist krank aus der Perspektive der Gesellschaft; der Mensch mit einem überstrengen Über-Ich ist krank unter dem Aspekt seines eigenen Leidens. Unter dem Soziopathen leiden andere, er selbst höchstens sekundär – wenn er wegen seines soziopathischen Verhaltens Ablehnung erfährt und zum Beispiel aus seinem Arbeitsplatz entlassen wird.

KERNBERG (1988, auch KERNBERG et al. 1989) sieht die sogenannte *Identitätsdiffusion* als zentral wichtiges Merkmal der Borderline-Struktur. Ein Mensch mit einer Borderline-Struktur hat keine globale Identität, innerhalb derer er Widersprüche in seinen Einstellungen und Wünschen tatsächlich als Widersprüche empfinden könnte. Er erlebt zu verschiedenen Zeiten unterschiedlich und im Zeitverlauf widersprüchlich. Borderline-Persönlichkeiten erleben nicht nur sich selbst, sondern auch andere Menschen als Träger von Eigenschaften, die zueinander in Widerspruch stehen, ohne daß ihnen das auffallen würde. Während eines Interviews beim Therapeuten können sie den gleichen Menschen sehr positiv und auch gleich wieder sehr negativ schildern. Natürlich gibt es Menschen, die sich widersprüchlich verhalten; Patienten mit Borderline-Struktur erleben und schildern aber ihre Beziehungspersonen, ohne auf den Widerspruch Bezug zu nehmen – er fällt ihnen gar nicht auf. Ein Patient mit einer reiferen Struktur wird einen Vater mit einer Borderline-Struktur nicht nur widersprüchlich schildern, sondern eben auch in seinen Widersprüchen darstellen. Ein Patient mit einer Borderline-Struktur wird andere Menschen ohne Borderline-Struktur widersprüchlich schildern, ohne auf die Widersprüche Bezug zu nehmen. Kinder von Borderline-Eltern, die selbst eine Borderline-Struktur haben, werden ihre Eltern in ihren Widersprüchen schildern und darauf auch Bezug nehmen. Das widersprüchliche Verhalten wird von ihnen bemerkt, weil die Widersprüche eben nicht ihre Kreationen sind. Widersprüche, die gleichsam ihre Schöpfung sind, nehmen sie als solche nicht wahr. Es kann aber auch vorkommen, daß die Widersprüche nicht bemerkt werden, weil Widersprüche *auch* im Kopf des Borderline-Patienten entstanden sind und er zwischen den realen und den von ihm erzeugten Widersprüchen nicht unterscheidet. Er behandelt die vorhandenen Widersprüche dann so, als ob er sie erzeugt hätte.

Wenn eine Person sich in verschiedenen Ich-Zuständen befindet und sich deshalb unterschiedlich erlebt und andere gleichfalls wechselnd erlebt, ohne daß deren Verhalten sich wesentlich ändert, bewirkt das Entwicklungsstörungen in allen Bereichen, wo es um das Etablieren sozialer Identitäten geht. Dies gilt für eine berufliche Identität, aber auch für die Geschlechtsidentität. Die Störungen in der weiteren Identitätsentwicklung sind Folgen der durch die Spaltungsvorgänge bedingten primären *Identitätsdiffusion*.

Der Begriff Identitätsdiffusion führt zu Mißverständnissen, wenn man seine Bedeutung nur im Wortlaut sucht. Das Wort »Identitätsdiffusion« meint nicht, daß die Identität eines Menschen keine scharfen Grenzen hat, sondern es meint eben, daß die Identität in sich widersprüchlich ist. Auf den Betrachter wirkt sie dann unzusammenhängend und unklar. Man weiß eigentlich nicht, mit wem man es zu tun hat. Die Einstellungen eines solchen Menschen wechseln, ebenso wie seine Wahrnehmung der Außenwelt. Oft sind ganz kleine reale Veränderungen ausreichend, um einen solchen Wechsel herbeizuführen. Solche Anlässe können minimale Kränkungen sein, die andere Menschen in ihren Wahrnehmungen und Einstellungen nicht grundsätzlich beeinflussen würden.

Tritt ein Mensch mit einer Borderline-Struktur in die ödipale Phase der Kindheitsentwicklung ein, erlebt er die ödipalen Konflikte existentieller als andere Menschen. Ein nur böser Vater oder eine nur böse Mutter, oder ein nur guter Vater und eine nur gute Mutter, machen die ödipale Auseinandersetzung schwierig (vgl. ROHDE-DACHSER 1987). Das Böse in den Eltern erzeugt Angst, das Gute Schuldgefühle, wenn die Spaltung nicht vollständig ist, sondern nur dazu führt, Böses als böser und Gutes als noch besser wahrzunehmen (letzteres natürlich nur, soweit Schuldgefühle empfunden und nicht abgewehrt werden).

Hier haben dyadische Fixierungen (KÖNIG 1995) einen wesentlichen zusätzlichen Einfluß. Dyadisch fixierten Menschen fehlt die Möglichkeit, sich Triaden von Menschen vorzustellen, in denen alle drei einander wichtig sind. Die Erfüllung ödipaler Wünsche bedeutet den Verlust des anderen Elternteils. Zwar haben auch Kinder ohne Frühstörungspathologie Tötungswünsche, die dem Rivalen gelten; der Junge hat im positiven Ödipuskomplex Tötungswünsche gegenüber dem Vater, die Tochter Tötungswünsche gegenüber der Mutter. Tötungswünsche der dyadisch fixierten Kinder haben aber eine unmittelbarere Realität; dabei genügt dann schon ein leichtes Abwenden eines Elternteils, um die Phantasie des völligen Verlustes auszulösen.

Patienten mit sogenannten Borderline-Störungen können in einer Therapie auf ihre Abwehrmechanismen zumindest vorübergehend verzichten, wenn der Therapeut sie deutet. Warum dieser Verzicht möglich ist, verstehen wir zur Zeit noch nicht. Vielleicht ist es wichtig, daß der Therapeut als eine stabilisierende Figur anwesend ist. Der

Therapeut übernimmt integrierende Funktionen, wenn er verschiedene Bereiche des Ich miteinander in Beziehung bringt und dieses In-Beziehung-Setzen gleichsam verantwortet. Psychotische Patienten zeigen bei einer Deutung der Abwehrmechanismen nicht eine Besserung, sondern eine Verschlechterung. Vielleicht nehmen sie den Therapeuten nicht als stabilisierende Person wahr.

Ich habe schon erwähnt, daß DORPAT (1979) die Leugnung als wesentlich für das Zustandekommen von Spaltungen ansieht. Nach DORPAT können daneben auch noch andere, klassische Abwehrmechanismen beteiligt sein. Die Konzeptualisierung von DORPAT erinnert an den FREUDschen Begriff des *deskriptiven Unbewußten* (FREUD 1916, 1917). Vorbewußtes, im engeren Sinne Unbewußtes, sind beide deskriptiv unbewußt, unterscheiden sich aber wesentlich. Analog sieht DORPAT »Spaltung« als einen Oberbegriff an, der mehrere klassische Abwehrmechanismen zusammenfaßt. Diese Aufassung würde zu der Annahme passen, daß die Spaltung nicht ein Residuum aus früheren Stadien der Entwicklung darstellt, sondern als Abwehrvorgang aufzufassen ist, den der Erwachsene einsetzt, um mit seinen eigenen Entwicklungsstörungen umzugehen – zum Beispiel mit der Unfähigkeit, Widersprüche in sich selbst und in anderen zu ertragen. Bei manchen Menschen, die man nicht den Frühgestörten zurechnen würde, findet sich eine Ambivalenz-Intoleranz (LEICHSENRING u. MEYER 1994). Solche Menschen vertragen das Widersprüchliche in anderen schwer, auch Widersprüche in sich selbst. Das gilt zum Beispiel für zwanghafte Menschen. Sie gehen mit dieser Schwierigkeit aber entweder durch Isolierung aus dem Zusammenhang um, oder sie verhalten sich in ihren Urteilen apodiktisch. Spaltung wäre dann eine *andere* Form des Umgangs mit Ambivalenzen.

Ambivalenzen in den eigenen Wünschen können durch eine ganze Reihe von Abwehrmechanismen »unschädlich« gemacht werden: Eine Seite oder beide Seiten einer Ambivalenz können verdrängt werden. Einstellungen, die der einen Seite der Ambivalenz entsprechen, können projiziert werden. Widersprechende Wünsche, die sich an eine bestimmte Person richten, können per Verschiebung aufgeteilt werden. Ein Wunsch bleibt bei dem Menschen, an den sich ursprünglich der zwiespältige Wunsch richtete. Jener Wunsch, der der anderen Seite der Ambivalenz entspricht, wird verschoben. Oft wird auch bagatellisiert. Isolierung vom Affekt kann emotionale Folgen von Ambivalenzkonflikten mindern oder ganz aufheben. Die eine Seite der Ambivalenz kann bewußt, aber affektentleert sein; die andere kann verdrängt sein, oder es können beide Seiten der Ambivalenz in ihrer Widersprüchlichkeit bewußt sein, aber mit einem Achselzucken abgetan werden: »Diese Angelegenheit beunruhigt mich nicht«.

Nehmen wir zwischen dem, was wir als Spaltung bezeichnen, und einer tolerierten und integrierten Ambivalenz ein Kontinuum an, wobei sich im Mittelteil verschiedene reifere Abwehrformen ansiedeln, ermöglicht uns das davon auszugehen, daß es auch hier zwischen Frühstörungen und den sogenannten »reiferen« Störungen Übergänge gibt.

Wenn man annimmt, daß bei der Spaltung die »nur guten« Objekte deshalb so wahrgenommen werden, weil selektive Aufmerksamkeit, Leugnung und Idealisierung zusammenzuwirken, erhebt sich natürlich die Frage, wie man davon eine Idealisierung unterscheiden kann, die in anderen Zusammenhängen auftritt. Hier hat sich mir das Kriterium der Stabilität bewährt. Eine Idealisierung, die Entwertung abwehren soll und formal der Reaktionsbildung ähnlich ist, läßt sich meist durch Verhaltensweisen des Idealisierten, die nicht zur Idealisierung passen, weniger beeinflussen. Diese Verhaltensweisen werden entweder geleugnet oder sie werden rationalisiert; das heißt, sie werden auf unausweichliche Umweltbedingungen oder sonstige Zwänge zurückgeführt, denen der andere nicht ausweichen konnte. Dagegen sind die Ergebnisse von Spaltungsvorgängen labiler. Verhaltensänderungen eines äußeren Objekts führen leicht dazu, daß nunmehr das innere Modell des »bösen Objekts« angewandt wird. Im Extremfall ändert sich während einer Therapie die Auffassung des Patienten vom Therapeuten in einem einzigen Gespräch grundlegend. Die Auflösung einer Idealisierung, die Entwertung abwehrt und nicht als eine Komponente eines Spaltungsvorganges aufzufassen ist, wird im Unterschied dazu in der Regel nur über mehrere Stunden möglich sein, während der Wechsel zwischen gutem und bösem Objekt »passiert«, ohne daß der Therapeut das will; minimale Verhaltensmerkmale des Therapeuten sind die Ursache. Dagegen kann eine Idealisierung, die Entwertung (oder auch Neid) abwehrt, nur durch massive negative Verhaltensweisen erschüttert werden – im Alltagsleben zum Beispiel durch ein völlig unerwartetes Fremdgehen eines Partners, der idealisiert wird.

Natürlich ist es schwerer, Spaltungsvorgänge im Beziehungsnetz eines Patienten zu diagnostizieren, als im Hier und Jetzt der therapeutischen Beziehung. Man muß dann systematischer vorgehen und sich fragen, wie es um die Veränderbarkeit der Einstellungen steht und inwieweit die Einschätzungen des Patienten plausibel sind. Es ist auch wichtig zu sehen, ob Idealisierungen oder Verteufelungen Teil einer Gruppenkultur sind, in der sich der Patient bewegt. Meist richten sich solche Idealisierungen oder Verteufelungen aber nicht auf einzelne Menschen oder nur dann auf einzelne, wenn sie eine Gruppe, Klasse oder »Kaste« repräsentieren.

Omnipotente Kontrolle kann im Zusammenhang mit Spaltungsvorgängen gesehen werden. Das gute Objekt kann bei geringstem Anlaß zu einem schlechten oder »bösen« werden. Omnipotente Kontrolle ist eine Möglichkeit, das gute Objekt als gut zu stabilisieren. Schlechte oder

»böse« Objekte müssen kontrolliert werden, um vor ihnen sicher zu sein. Entsprechend kann ein Patient, der den Therapeuten als »böse« erlebt, die Phantasie entwickeln, ihn unter Kontrolle zu haben, damit der Therapeut ihm nicht schaden kann. Wird der Analytiker aber als gutes Objekt phantasiert, muß er daraufhin kontrolliert werden, ob er nicht doch vom rechten Weg abweicht, weil ja immer die Möglichkeit besteht, daß ein gutes Objekt sich in ein schlechtes oder »böses« umwandelt.

Die Phantasie der omnipotenten Kontrolle kann auch von einer projektiven Identifizierung begleitet sein. Der Patient bringt den Therapeuten dazu, sorgfältig darauf zu achten, daß er aus der Rolle des »Guten« nicht herausfällt. Meist merkt der Analytiker bald, wie vorsichtig er mit diesem Patienten sein »muß«. Die geringsten Abweichungen vom erwarteten Verhalten rufen Reaktionen des Patienten hervor. Der Patient fühlt sich alleingelassen, entwertet, abgeschrieben, wenn der Analytiker sich nur schneuzt. Als ich während der Therapien noch Pfeife rauchte, fühlte sich ein narzißtischer Patient unerträglich gestört, weil ich mich auch mit meiner Pfeife beschäftigte und nicht ausschließlich mit ihm.

Ein weiteres Motiv zum Einsatz der omnipotenten Kontrolle ist die Notwendigkeit, Nähe und Distanz zu regulieren, um die eigenen Ich-Grenzen zu schützen. Dieses Motiv findet sich bei schizoiden Menschen mit labilen Grenzen zwischen Ich und Außenwelt oder, im Bereich der inneren Repräsentanzen, zwischen Selbst und Objekt.

Versagt die omnipotente Kontrolle, entweder in der Phantasie oder in der Realität (das heißt, der Patient bringt einen Analytiker nicht dazu, sein Verhalten zu modifizieren), so empfindet der Patient narzißtische Wut oder massive Angst. Gelingt die Kontrolle nicht sofort oder ist sie nicht vollständig, erlebt der Patient seinen Versuch, *omnipotente* Kontrolle auszuüben, als gescheitert und fühlt sich dem Objekt, das er kontrollieren wollte, ausgeliefert. Er muß nun weiter versuchen, es zu kontrollieren, damit es ihm nicht schadet.

Da ein Versagen der omnipotenten Kontrolle eine Katastrophe bedeuten kann, wird oft auch versucht, ihr Versagen nicht wahrzunehmen. Ähnlich wie bei Idealisierungen, die einer Reaktionsbildung analog sind und eine Abwertung abwehren sollen, werden oft Leugnung, Rationalisierung oder Phantasie eingesetzt, um die Illusion omnipotenter Kontrolle aufrechtzuerhalten.

Das Idealisieren anderer bei narzißtischer Charakterpathologie – ein Mittel, eigene Bedürfnisse zu stillen

Viele Menschen mit einer *narzißtischen Charakterpathologie* brauchen dauernde narzißtische Zufuhr, um ihre Selbstüberschätzung aufrechterhalten zu können. Oft wünschen sie diese Zufuhr von mehreren Personen, die sich in ihrer Bewunderung kumulieren. Steht nur eine Person zur Verfügung, kann sich der Mensch mit einer narzißtischen Charakterpathologie dadurch helfen, daß er diese Person *idealisiert* und so das Gewicht ihrer Bewunderung vermehrt.

Manchmal handelt es sich bei den idealisierten Personen um Menschen, die anderen unscheinbar vorkommen. Das verhindert eine Idealisierung aber nicht. Der Idealisierende kann immerhin der Auffassung sein, er allein erkenne die herausragenden Eigenschaften jener unscheinbaren Person. »Weil er einen Blick für so etwas hat«, konnte er sie entdecken. In Wirklichkeit hat er ihr jene Eigenschaften zugeschrieben. Hier gibt es übrigens einen Geschlechtsunterschied. Weil man in unserer Gesellschaft den Mann mehr nach den eigenen Erfolgen einschätzt, die Frau, von besonders prominenten Frauen abgesehen, immer noch mehr nach dem Sozialstatus des Partners, kann eine Frau durch Idealisierung ihres Partners oder auch durch reale Erfolge des Partners ihr Selbstwertgefühl steigern. Männer gewinnen durch Erfolg der Frau aber wenig narzißtische Zufuhr. Deshalb idealisieren Männer ihre Partnerinnen vor allem dann, wenn sie von ihnen Bewunderung erwarten, die dadurch an Wert gewinnt – nicht in der Erwartung, von den idealen Eigenschaften der Partnerin würde etwas für sie abfallen.

Hat eine Person mit einem narzißtischen Charakter die Möglichkeit, sich von einer ganzen Anzahl anderer Menschen bewundern zu lassen, braucht sie davon einzelne nicht herausragend zu finden. So kann sich ein Schauspieler oder ein Musiker auf den Beifall des Publikums angewiesen fühlen, obwohl er jedem einzelnen Zuschauer oder Zuhörer viel weniger Kunstverständnis zugestehen würde als sich selbst. Die große Zahl sichert eine ausreichende Menge an narzißtischer Zufuhr. Klatscht das Publikum aber nicht, wird es insgesamt entwertet, dann hat es von dem, was ihm geboten wurde, nichts verstanden. Ein gutes Beispiel für einen Schauspieler, der sein Publikum verachtet, aber dennoch auf seinen Beifall angewiesen ist, findet sich in THOMAS BERNHARDS Stück »Der Theatermacher«.

Auswirkungen des Größenselbst – wenn Anspruch an die eigene Person und Wirklichkeit auseinanderklaffen

Auf einige Ursachen der Entstehung eines *Größenselbst* bin ich schon im Kapitel über Idealisierungen eingegangen. Unter anderem kann man seine Entstehung als Folge von Entwertungen ansehen. Wenn ein Kind aus dem Verhalten der Eltern schließt, daß sie es wenig schätzen, könnte das Kind mit einem Gegenangriff antworten. Es würde die Eltern dann entwerten und sich selbst die phantasierten, großartigen Möglichkeiten und Kompetenzen der Eltern zuschreiben. Das Ergebnis wäre eine narzißtische Entwicklung. Eine andere Möglichkeit wäre eine depressive Entwicklung. Dabei übernimmt das Kind die geringe Einschätzung seiner selbst durch die Eltern und behält die Hochschätzung der Eltern bei.

Als Erwachsener könnte eine Person dann, wenn sie der narzißtischen Entwicklungslinie gefolgt ist, mit Entwertungen durch andere, die sie erlebt oder auch nur phantasiert, analog umgehen. Ein Student ohne Studienerfolg kann sich für genial halten und die Professoren für unfähig. Daß er sich für genial hält, hindert ihn selbstverständlich beim Arbeiten, weil ihn die Arbeitsergebnisse damit konfrontieren, daß diese Selbsteinschätzung nicht zutrifft. Also arbeiten solche Studenten oft gar nicht, um die Illusion behalten zu können, genial zu sein.

Es gibt natürlich auch noch andere Möglichkeiten, das Zustandekommen einer Selbstüberschätzung zu verstehen, die sich mit einer Abwertung der Objekte kombiniert. So kann ein Student Mißerfolge haben und sich deshalb verachten. Diese Verachtung kann er dann auf andere, zum Beispiel auf die Professoren, projizieren, durch die er sich nunmehr verachtet fühlt. Die Selbstverachtung wehrt er durch Selbstidealisierung ab. Diese Erklärungsmöglichkeit erscheint mir eher bei zwanghaften als bei narzißtischen Menschen zuzutreffen.

Nicht alle narzißtisch strukturierten Menschen sind arbeitsgestört. Kommt die tatsächliche Leistungsfähigkeit den Größenphantasien nahe, was bei Hochbegabungen der Fall sein kann, wird dadurch eine Dekompensation vermieden. Bei Menschen mit geringer Begabung werden oft Rationalisierungen von Mißerfolgen und die Entwertung der Bewertenden eingesetzt, um die Illusion des Genialen aufrechtzuerhalten.

Die Entwertung der Objekte wirkt sich nicht immer ungünstig aus. Ein Manager in einem Industriebetrieb tut sich oft leichter, wenn der einzelne Mensch ihm nicht so wichtig ist. Er kann die Mitarbeiter im Betrieb eher als »Figuren« ansehen. Verfügt er über ein schauspielerisches Talent, das es ihm ermöglicht, seinen Mitarbeitern den guten Chef vorzuspielen, kann es sein, daß ihn die Mitarbeiter auch tatsächlich für einen guten Chef halten.

Narzißtische Entwicklungen, Über-Ich und Empathie – um sich einfühlen zu können, muß man es für möglich halten, daß der andere mit einem selbst vergleichbar ist

KERNBERG (1988) beschreibt eine Form der *narzißtischen* Charakterpathologie, die hauptsächlich darin besteht, daß der Patient anderen Menschen etwas antun kann, ohne Schuldgefühle zu empfinden. Sonst weist er vielleicht nur allgemeine Zeichen einer diffusen narzißtischen Symptomatik auf, zum Beispiel chronische Langeweile oder Leeregefühle.

Im einführenden Kapitel über die Abwehrmechanismen bei Frühstörungen bin ich darauf eingegangen, daß man bei solchen Patienten von einer *Abwehr gegen die Impulse des Über-Ich* sprechen kann. Es gibt aber auch noch eine weitere Erklärungsmöglichkeit. Der narzißtisch strukturierte Mensch nimmt andere nicht als Ganzobjekte wahr, wozu gehören würde, daß er zu ihnen eine personale Beziehung hat, sondern eher als Funktionsbündel. Die anderen Menschen sollen seine Wünsche erfüllen und seine Bedürfnisse befriedigen. Weil keine Ganzobjekt-Beziehung zu ihnen besteht, kann er sich in sie auch schlecht hineinversetzen. Oft kann er gut beobachten, welche Auswirkungen sein Verhalten hat, und deshalb mit anderen Menschen »gut«, in Wahrheit aber manipulativ umgehen. In seinem inneren »Arbeitsmodell« von anderen Menschen, das er beim Umgang mit ihnen berücksichtigt, hat deren Erleben keinen Platz. Ihre *Reaktionsweisen* kann er aber aufgrund seiner bisherigen Erfahrungen im Umgang mit Menschen dennoch einschätzen, ähnlich wie man die spezifischen Reaktionsweisen eines Autos beim Fahren einkalkulieren kann. Tatsächlich gehen narzißtisch strukturierte Menschen mit anderen Menschen oft ähnlich um wie man ein Auto fährt. Der Spruch »Was Du nicht willst, das man Dir tu, das füg auch keinem anderen zu« hat für sie keinen Sinn. Sie können sich nicht vorstellen, daß andere Schmerz ähnlich empfinden können wie sie selbst. Viele narzißtisch strukturierte Menschen können auch selbst nicht jede Art von seelischem Schmerz empfinden. Vor allem empfinden sie jedoch Kränkungen. Verläßt ein anderer Mensch sie, empfinden sie narzißtische Wut und vielleicht auch Angst, wenn sie auf dessen Funktionen angewiesen waren. Trauern können sie meist nicht.

Man kann bei ihnen oft beobachten, daß sie mit anderen Menschen mitleidsloser umgehen als diese anderen Menschen mit Tieren umgehen würden. Sie sehen, wenn sie ihnen etwas antun, keinen *Anlaß*, Schuldgefühle zu haben.

Vom Verhalten narzißtischer Menschen ist das Verhalten schizoider Menschen zu unterscheiden. Schizoide neigen einerseits dazu, die Gefühle anderer stark mitzuerleben, weil ihre Selbst-Objekt-Grenze durchlässig ist. Andererseits gelingt es ihnen aber nicht selten, sich vor diesem Miterleben zu schützen, indem sie die Phantasie entwickeln, es käme nicht auf die Individuen an, sondern auf die Menschheit als ganzes, nicht auf Einzelschicksale, sondern auf das Schicksal der Menschheit. ROBESPIERRE könnte ein solcher schizoider Mensch gewesen sein.

CREMERIUS (in CREMERIUS et al. 1979) beschreibt den Fall eines Unternehmers, der Auflagen des Umweltschutzes nicht nachkam, sondern einen Prozeß anstrengte, den er verlieren mußte. Er rechnete sich aber aus, daß es so für ihn günstiger sei, da er die Auflagen nicht erfüllen mußte, während der Prozeß dauerte. Daß er während dieser Zeit die Umwelt schädigte, kam in seinen Überlegungen gar nicht vor.

Ich habe aber Unternehmer kennengelernt, die ein hohes Verantwortungsgefühl hatten. Meine Vermutung ist, daß Menschen mit einer narzißtischen Charakterpathologie eben nur in bestimmten Managementbereichen leichter aufsteigen als andere.

Von einer narzißtischen Objektbeziehung ist die Objektneutralisierung (siehe dort) zu unterscheiden. Bei ihr handelt es sich um einen Abwehrmechanismus, der eingesetzt wird, um traumatische Situationen, zum Beispiel beim Tod eines nahen Angehörigen, zu bewältigen.

Mehrpersonensituationen – Abwehr wird zur Gemeinschaftsaufgabe

In *Gruppensituationen* treten Abwehrmechanismen auf, bei denen *mehrere* Personen zusammenwirken.

In eine psychosoziale Kompromißbildung in Gruppen (BROCHER 1967a, HEIGL-EVERS und HEIGL 1985, KÖNIG 1992a, KÖNIG und LINDNER 1992, MENTZOS 1976) gehen Beziehungswünsche, Triebwünsche, der Wunsch nach Wiederfinden des Vertrauten (Familiarität, KÖNIG 1982) und die Abwehr gegen all diese Wünsche ein. In einer Arbeitsgruppe will man in der Regel aber auch etwas produzieren. In einer therapeutischen Gruppe will man auf der Ebene der Arbeitsbeziehung (KÖNIG und LINDNER 1992) ein kompetenter Patient sein, zu den Arbeitsergebnissen der Gruppe beitragen und selbst vorankommen.

Psychosoziale Kompromißbildungen können auftreten, wenn nur zwei Personen beisammen sind (KÖNIG und KREISCHE 1991). Das gilt zum Beispiel für die gemeinsame Sündenbocksuche: Zwei oder mehr Personen suchen jemanden, der für eine bestimmte unangenehme Situation verantwortlich gemacht werden kann. Zwei anwesende und miteinander kommunizierende Personen genügen, wenn der Sündenbock außerhalb gesucht wird. Bei der Sündenbocksuche werden eigene Schuldgefühle oder eigene Triebimpulse abgewehrt und im Sündenbock bekämpft. Dem Sündenbock kann aber auch eine bremsende Abwehrrolle zugeschrieben werden.

In Paarbeziehungen kommt es zu psychosozialen Kompromißbildungen zwischen den Partnern, wie sie von DICKS (1967), MENTZOS (1976) und WILLI (1975) im Einzelnen beschrieben worden sind. Dabei werden ähnliche Triebwünsche der Partner mit verteilten Rollen ausgelebt. Zum Beispiel geht es um Versorgen. Der eine Partner versorgt, der andere läßt sich versorgen. KÖNIG und KREISCHE (1991) haben sogenannte gekreuzte Kollusionen beschrieben. Sie ähneln formal den Vorgängen bei der Sündenbocksuche. Jeder Partner bekämpft im anderen das, was er selber abwehrt. Dabei handelt es sich oft um die Negativseiten einer Persönlichkeitsstruktur, deren positive Seiten die Partnerwahl unter anderem begründet haben, etwa die Zuverlässigkeit des Zwanghaften und die Farbigkeit des Hysterischen. Der Zwanghafte, meist ein Mann, bekämpft das Chaotische im Verhalten der hysterischen Partnerin und damit das eigene abgewehrte Chaos. Die hysterische Partnerin bekämpft im dominierenden Partner die eigenen phallischen Dominanzwünsche.

In allen Gruppensituationen werden durch den Kontakt mit anderen Menschen bewußte und unbewußte Wünsche aktiviert – zum Beispiel der Wunsch, gemocht zu werden, der Wunsch nach Anerkennung, der Wunsch, Einfluß zu nehmen, oder der Wunsch, sich leiten zu lassen. Diese Wünsche werden oft nicht direkt, sondern in abgewehrter Form manifest.

EZRIEL (1960/1961) hat darauf hingewiesen, daß eine als gefährlich gefürchtete, aber gewünschte Beziehungsform zu einem Kompromiß im bewußt erlebten Beziehungswunsch führt: Ein Patient möchte zum Beispiel vom Therapeuten geliebt werden. Er bewundert den Therapeuten in der Erwartung, dafür von ihm geliebt zu werden. Was er »eigentlich« will, bleibt unbewußt. Ein entsprechendes Verhalten läßt sich natürlich auch als taktisches Manöver vorstellen, das bewußt eingesetzt wird.

In therapeutischen Gruppen geht es darum, solche

Wünsche bewußt zu machen und zu reflektieren. Wünsche, die in Arbeitsgruppen anderer Art stören würden, weshalb man sie dort meist unterdrückt und beim anderen ignoriert, werden zum Gegenstand der Bearbeitung gemacht. Durch den Einsatz einer Symbolsprache, etwa nach KLEINianischer Manier, werden die Wünsche in eine verkleidete Form gebracht, was ihr Bewußtwerden erleichtert, während Gruppenkonzepte, die auch ich-psychologisch orientiert sind, zum Beispiel das Konzept des Göttinger Modells (z.B. HEIGL-EVERS et al. 1993, KÖNIG und LINDNER 1992), eine direkte Beschreibung des zunächst metaphorisch Ausgedrückten empfehlen, die oft erst nach dem Bearbeiten von Abwehrmechanismen ermöglicht wird.

Durch die Bearbeitung der psychosozialen Kompromißbildungen wird etwas ähnliches erreicht wie durch die Bearbeitung von Abwehr in der Einzelanalyse. Impulse sollen bewußt gemacht werden, aber auch die Ängste, die zu ihrer Abwehr geführt haben. Es bleibt allerdings offen, ob die individuellen Abwehrformationen beim Bearbeiten der psychosozialen Kompromißbildungen in jedem Fall miterfaßt werden können. SANDNER (1990) empfiehlt wohl auch daher, »Einzeltherapie in der Gruppe« zu betreiben, und zwar so gut wie ausschließlich. Damit wird eine neue Einseitigkeit propagiert. Ich empfehle dagegen eine Kombination von Gruppendeutungen und Einzeldeutungen.

Abwehr im Dienst der Partnerwahl und des Sich-Bindens – Abwehrmechanismen helfen bei der Verwirklichung angeborener Verhaltensprogramme

Es ergibt einen *evolutionspsychologischen* Sinn, wenn Frauen, die allein schon durch die Schwangerschaft mehr in ein Kind investieren müssen und weniger Kinder zur Welt bringen können, als ein Mann zeugen kann, in der Auswahl ihrer Sexualpartner *selektiver* sind als Männer (z.B. Buss 1994). Unsere Grundeinstellungen in der Partnerwahl, die über viele Jahrtausende entstanden sind, stehen allerdings in einem Widerspruch zu den heutigen kontrazeptiven Möglichkeiten.

Es ist evolutionspsychologisch auch sinnvoll, wenn eine Frau darauf achtet, ob ein Mann beabsichtigt, sich zu binden und für eine Familie zu sorgen, welchen Sozialstatus er der Familie geben kann und über welche materiellen Mittel er verfügt. All das wird nicht nur ihre eigenen Lebensbedingungen beeinflussen, sondern auch die Lebensbedingungen der Kinder, in denen sie ihr Erbgut weitergibt.

Aus Sicht der Evolutionspsychologie ergibt es auch einen Sinn, wenn ein Mann in der Auswahl seiner Sexualpartnerinnen unter bestimmten Voraussetzungen weniger wählerisch ist als eine Frau. Will er sein Erbgut weitergeben, kann er zwei Strategien verfolgen. Er kann, wie auch die Frau, darauf achten, daß eine bindungsbereite Partnerin sich an ihn bindet, die über gute Gesundheit und materielle Ressourcen (heutzutage oft potentielle, in Gestalt einer Ausbildung) verfügt. Auch kann die soziale Stellung ihrer Ursprungsfamilie ein positives Merkmal sein, weil jene Vorfahren, die eine hohe soziale Stellung erreicht haben, Kräfte und Talente dazu einsetzen mußten und die nötigen biologischen Voraussetzungen vielleicht weitergegeben haben und weil der Mann die Ressourcen der Familie seiner Partnerin mit nutzen kann.

Dem Mann steht aber noch ein weiterer Weg offen. Er muß die Kinder nicht austragen und kann deshalb sein Erbgut einer großen Zahl von Frauen weitergeben. Diese Frauen überläßt er dann in der Betreuung und Erziehung der Kinder ihren eigenen Ressourcen, oder er gibt ihnen, wenn er selbst über reichere Ressourcen verfügt, davon etwas ab.

Natürlich »beabsichtigt« ein Mann nicht in jedem Fall, sein Erbgut weiterzugeben. Es handelt sich um evolutionsbiologisch zweckmäßige Grundeinstellungen, die im Laufe der Evolution für das Weitergeben der eigenen Gene günstig waren. Gene, die andere Grundeinstellungen transportierten, gingen im Laufe der Evolution unter.

Die Ergebnisse der Babywatcher (ref. z.B. in DORNES 1993a, 1993b, LICHTENBERG 1991) haben die Vorstellung vom Säugling, der wie ein unbeschriebenes Blatt zur Welt kommt, gründlich in Frage gestellt. Babies verfügen über erhebliche, für ihr Überleben wichtige Kompetenzen im Umgang mit der Mutter, die angeboren und nicht erlernt sind, und das kann auch für Grundeinstellungen gelten, zum Beispiel eben für die Kriterien der Partnerwahl. Transkulturelle Untersuchungen (ref. bei BUSS 1994) haben eine große Ähnlichkeit der Kriterien einer Partnerwahl in den verschiedensten Kulturen gezeigt.

Selbstverständlich können Männer und Frauen sich auch gegen den evolutionären »Selektionsdruck« entscheiden. Überhaupt stehen unsere Grundeinstellungen in Konflikt mit dem heute erreichten Stand der Kultur und ihren Werten und Normen.

Vor nicht langer Zeit, und in vielen Ländern der Erde heute noch, drücken sich die genannten zwei Strategien der Männer in der sogenannten Doppel-Moral aus, die in einer von Männern dominierten Welt durchgesetzt wurde. Männer mit ausreichenden Mitteln hatten in jungen Jahren vielfach Frauen aus einer niedrigeren Gesellschaftsschicht als Partnerinnen. Kam es dabei zu einer Schwangerschaft, wurde die Frau »versorgt«, indem der Mann ihr ein Geschenk machte, das ihren Lebensunterhalt und den des Kindes sicherte. Vielleicht kaufte er ihr einen kleinen Laden, von dem sie leben konnte. Um zu heiraten, wartete er aber auf eine »gute Partie«, also eine Frau mit hohem Sozialstatus und reichem materiellen Hintergrund. Die Konflikte, zu denen das führte, waren bis ins 20. Jahrhundert hinein ein beliebter Stoff der Belletristik und des Schauspiels. Auch heute behalten die evolutionspsychologisch determinierten Einstellungen aber oft die Oberhand, wenn es um die Partnerwahl geht.

Evolutionspsychologisch gesehen ist es die Rolle der Frau, das Interesse vieler Männer zu wecken, aber nur einen als Sexualpartner zu akzeptieren. Die Frau wehrt also die Avancen der meisten Männer ab, deren Interesse sie weckt. Je nach der Stärke ihres eigenen Interesses kommt es zu mehr oder weniger langen Interaktionszeiten. Eine Frau kann sich spät, vielleicht erst an der Bettkante, gegen einen Partner entscheiden. Das hat nicht immer nur mit Über-Ich-Anforderungen zu tun, oder mit Ängsten vor Sexualität, sondern auch damit, daß im Verhalten des Mannes etwas aufgetreten ist, was gegen die Partnerwahl spricht. Frauen brauchen gewöhnlich auch länger als Männer, um zu einem Koitus bereit zu sein, weil sie in dieser Zeit den Mann »testen« wollen, um herauszufinden, ob er als Partner geeignet ist. Es handelt sich, bei allen bewußten Überlegungen, im wesentlichen um ererbte Grundeinstellungen.

Eine Frau leistet also gegenüber den Avancen eines Mannes, wenn man es so sagen will, einen *Widerstand*. Ist der Widerstand deskriptiv unbewußt, kann er sich der *selektiven Aufmerksamkeit*, des *Bagatellisierens* oder der *Leugnung* bedienen. Zum Beispiel kann eine Frau ein attraktives Aussehen oder ein attraktives Verhalten als weniger attraktiv empfinden, als sie es würde, wenn der Mann über eine höhere soziale Stellung oder über mehr materielle Ressourcen verfügte. Umgekehrt kann sie einen Partner mit einer hohen sozialen Stellung und üppigen materiellen Ressourcen attraktiver finden, als wenn er all das nicht hätte.

Auch der Mann kann *selektive Aufmerksamkeit, Bagatellisieren* oder *Leugnung* einsetzen. Selegiert er im Hinblick auf eine Langzeitbindung, und wird er durch eine Frau angezogen, die für eine Langzeitbindung nicht in Frage kommt, blendet er vielleicht einiges an Attraktivität der Frau aus. Folgt seine Strategie aber dem Ziel einer großen Zahl von Partnerinnen, wird er vor allem auf das Aussehen einer Frau achten und alles ausblenden, bagatellisieren oder leugnen, was gegen eine kurzdauernde Beziehung spricht – zum Beispiel gerade den Wunsch der betreffenden Frau nach einer Langzeitbindung.

Auch wenn eine Dauerbeziehung aus sozialen Gründen nicht in Frage kommt, etwa wegen einer Ausbildung, die noch lang dauern wird und die Kräfte des Mannes bindet, können Merkmale der Frau, die für eine Dauerbeziehung sprechen, *ausgeblendet, bagatellisiert* oder *geleugnet* werden. Der Mann verhält sich dann wie einer, der den Weg der großen Zahl von Partnerinnen geht. Auch Idealisieren kann zur Abwehr einer Dauerbeziehung eingesetzt werden (»Diese Frau kann höhere Ansprüche stellen«).

Ist der Mann nicht auf eine Dauerbeziehung aus, schrecken Frauen, die zu erkennen geben, daß sie eine

Dauerbeziehung anstreben, ihn oft ab. Solche Frauen werden dann *entwertet* (»Das ist doch wieder eine mit einem Taschentraualtar«). Ihnen können ausschließlich eigennützige Interessen unterstellt werden (»Die will doch nur mein Geld«). Strebt der Mann aber eine Dauerbindung an, möchte er in der Position des Werbenden bleiben. Die Frau soll ihm nicht zuvorkommen und von sich aus eine Dauerbindung vorschlagen. Verfügt eine Frau über materielle Ressourcen und der Mann nicht, kann natürlich auch die Frau denken: »Der will nur mein Geld«.

Stimmen die Erwartungen zweier Partner, die sich attraktiv finden, bezüglich der Art der Beziehung überein, die sie anstreben, steht einem Sich-Näherkommen meist nichts im Weg – vorausgesetzt, im Verhalten der Partner tauchen keine Verhaltensmerkmale auf, die doch noch dagegen sprechen.

Als wenige Frauen der bürgerlichen Gesellschaft berufstätig waren, bedeutete eine Heirat die Befreiung aus dem Elternhaus mit seinen Einschränkungen. Zu denen gehörte ein Verbot der Sexualität. Der Mann gab dagegen bei einer Heirat viel an Freiheit auf. Heute erlernen fast alle Mädchen einen Beruf und sie können von dem Geld leben, das sie verdienen. Die sexuellen Kontakte werden durch das Elternhaus viel weniger eingeschränkt. Jetzt empfinden auch Frauen eine Dauerbindung als ein Aufgeben von Freiheit. Sie haben kennengelernt, daß man sich auch in einem Beruf selbst verwirklichen kann und sehen das als eine Alternative zur Rolle der Mutter und Hausfrau. Sie nehmen auch eher das Recht für sich in Anspruch, fremdzugehen.

Vor allem Akademikerinnen mit interessanten Berufen, die sie kompetent ausüben, fällt die Entscheidung zwischen Beruf und Familie oft schwer. Gelingt es, einen Kompromiß zu finden, sind dauernde Anstrengungen nötig, um den Kompromiß aufrechtzuerhalten. Die Schwierigkeiten, die auftreten können, wenn eine Frau Beruf und

Familie miteinander in Einklang zu bringen sucht, werden von vielen Frauen zunächst oft *bagatellisiert* oder *geleugnet*. Die Bereitschaft des Mannes, einen Teil der Hausarbeit und der Kinderbetreuung zu übernehmen, wird oft *idealisierend* überschätzt.

Viele Frauen unterschätzen die Kraft der Bindung an das Kind im ersten Lebensjahr. Hier müssen keine Abwehrmechanismen im Spiel sein. Es handelt sich um Gefühlseinstellungen, die eine Frau ohne Kinder noch nicht erlebt hat und nicht voraussieht. Allerdings kann auch der Wunsch, einen Großteil der eigenen Bewegungsfreiheit zu erhalten, das Motiv solcher Erwartungen sein. Das gilt besonders für Frauen, die möglichst bald nach der Geburt des Kindes weiter berufstätig sein wollen. Beobachtungen, die an anderen Frauen mit kleinen Kindern zu machen sind, werden *bagatellisiert* oder *geleugnet*.

Auch bei der engen Bindung der Mutter an den Säugling handelt es sich um eine ererbte Grunddisposition, die evolutionspsychologisch erklärbar ist. Eine adäquate künstliche Ernährung von Säuglingen ist eine relativ neue Errungenschaft. Früher konnte ein Kind nur überleben, wenn es gestillt wurde. Die günstigste Lösung für das Überleben eines Säuglings war eine Personalunion zwischen Kindesbetreuerin und Kindesernährerin. Auch deshalb verfügt ein Säugling über ein Signalsystem, das die Mutter an ihn bindet, und die Mutter ist in der Regel auch besser befähigt als der Vater, die Signale aufzunehmen, ein Umstand, auf den schon WINNICOTT (1975) hingewiesen hat. Er meinte auch beobachtet zu haben, daß Frauen unmittelbar nach einer Schwangerschaft die Signale besser aufnehmen können als Frauen sonst. Mir sind allerdings keine systematischen Untersuchungen dazu bekannt.

Insgesamt kann man sagen, daß Mütter meist eher dazu neigen, mehr Zeit mit ihren Säuglingen zu verbringen, als unbedingt notwendig wäre. Sie verhalten sich so, wie es zum Schutz und zur Ernährung des Kindes in früheren

Zeiten notwendig war. Ihre Partner können das oft nicht verstehen.

Werden Liebeswünsche von einer Person auf eine andere *verschoben*, kann es zu Partnerwahlen kommen, die sonst nicht zustandegekommen wären. Natürlich kann auch so eine befriedigende Beziehung entstehen. Das ist um so wahrscheinlicher, je ähnlicher die Person, auf die verschoben wurde, der Person ist, auf die sich die Liebeswünsche ursprünglich richteten.

Partnerwahlen infolge von Verschiebungen kann man zu Beginn und während einer psychoanalytischen Therapie immer wieder beobachten. Oft hat die Person, auf die Liebeswünsche verschoben werden, Elternaspekte. Es werden dann auch Beziehungswünsche geweckt, die starke infantile Beimengungen haben. Das kommt bei Partnerwahlen auch sonst vor (FREUD 1905, KÖNIG und KREISCHE 1991), aber zu einem geringeren Anteil. Der infantile Anteil ist durch die regressive Art der Beziehung zum Therapeuten verstärkt, dem die Wünsche zunächst galten. Durch einen hohen Anteil infantiler Erwartungen bei der Partnerwahl kann es zu sehr unpassenden Partnerschaften kommen. Zum Beispiel kann sich der Liebeswunsch an eine Person richten, die sich in einer Autoritätsposition befindet. Das kann ein Vorgesetzter sein oder ein Lehrer. Diese Männer müssen aber nicht in jedem Fall bereit sein, einer Partnerin gegenüber eine elternähnliche Position einzunehmen. Vielleicht wünschen sie sich eher eine »erwachsene« Partnerin, die ihnen voll zur Seite steht und nicht mehr Hilfe und Schutz erwartet, als es unter Erwachsenen üblich ist. Manche Männer erwarten aber genau eine solche infantil-abhängige Partnerin, der gegenüber sie dann eine starke Position einnehmen können. Dann kommt es unausweichlich zu Schwierigkeiten, wenn die Frau andere Erwartungen an den Partner und an die Beziehung stellt, weil ihre Wünsche im Lauf der Therapie die infantile Beimengung verloren haben.

Gesellschaftsspezifische Abwehr – die Gesellschaft hat Einfluß auf die Wahl der Abwehrmittel. Ein Vergleich mit anderen Kulturen hilft, unseren Umgang mit sozialer Wirklichkeit zu verstehen ─────────────────

Viele klassische Abwehrmechanismen haben die Funktion zu verhindern, daß es zu einem sozialinadäquaten Verhalten kommt. Nicht jedes sozialinadäquates Handeln ist durch Gesetze verboten, es geschieht oft in einem rechtsfreien Raum. Ein großer Teil des zwischenmenschlichen Verhaltens ist nicht durch Gesetze geregelt, sondern durch soziale Normen, die, wenn man sich nicht an sie hält, zu Beschämungen führen, oft auch zum Ausschluß aus einer gesellschaftlichen Gruppierung.

Ich-Funktionen und Abwehrmechanismen steuern soziales Verhalten. Die Ich-Funktionen Angsttoleranz und Impulskontrolle verhindern, daß jemand, der Angst hat, einfach fortläuft – oder zu einem inadäquaten Angriff übergeht. Der Einsatz von Abwehrmechanismen kann bewirken, daß jemand in einer Gefahr sozial adäquat reagiert, zum Beispiel indem er sich nach einem Unfall umsichtig verhält, was er nicht könnte, wenn Emotionen ihn überschwemmen würden. Andererseits können Abwehrmechanismen auch dazu führen, daß jemand sich inadäquat verhält. *Leugnung* beispielsweise führt zu einer falschen Risikoeinschätzung, die wiederum zu einem unzweckmäßigen Verhalten führt, das man dann etwa als leichtsinnig bezeichnet. Dadurch werden vielleicht andere Menschen gefährdet.

Der Abwehrmechanismus *Isolierung vom Affekt* kann eingesetzt werden, um die Angst zu vermindern, so daß weniger Angsttoleranz notwendig bleibt, um zu einem Verhalten zu kommen, das von der Gesellschaft positiv bewertet wird. Wer vom Affekt isoliert und deshalb weniger Angst hat, muß das Risiko deshalb nicht falsch einschätzen.

Durch die Isolierung vom Affekt wird die *bewußt* erlebte Angst vermindert, meist nicht ganz unterdrückt. Damit wird der bewußt erlebten Angst ein Signalcharakter belassen. Die Angst erreicht keine lähmende Intensität, was es ermöglicht, zweckmäßig zu handeln, um der Gefahr zu entgehen oder die Gefahr zu beenden. Die Isolierung vom Affekt kann aber auch so weit gehen, daß überhaupt keine Emotionen empfunden werden, zum Beispiel in einer Unfallsituation, wenn ein Unfallbeteiligter die Unfallstelle absichert, Verletzte notversorgt und dann Hilfe holt, ohne durch den Unfallschock in seinem Handeln beeinträchtigt zu werden oder durch die Angst, etwas falsch zu machen, gelähmt zu sein. Der Schock des Unfalls hat eine extreme Isolierung vom Affekt ausgelöst, die sich auch auf die Angst angesichts der Gefahren erstreckt, die beim Bewältigen der entstandenen Situation auftreten können. Das initiale Schock-Erleben wird dann oft nachgeholt, wenn die Gefahr vorüber ist.

Willi (1988, 1989) befaßt sich, ähnlich wie auch Anna Freud (A. Freud 1936, Sandler mit A. Freud 1985), mit den positiven Folgen von *Vermeidung*. Menschen suchen sich eine soziale Nische, worunter Willi Lebensverhältnisse versteht, die der Betreffende bewältigen kann. Lebenssituationen, die er nicht bewältigen kann, werden vermieden. Neben der Vermeidung kann auch *Leugnung* und können auch noch andere Abwehrmechanismen eingesetzt werden, um eine Nische zu finden und zu erhalten.

PARIN (1977) postuliert sogenannte Anpassungsmechanismen. Im Unterschied zu HARTMANN (1975), der seine Untersuchungen zur Entwicklung des Ich auf die Annahme einer *durchschnittlich zu erwartenden Umwelt stützte*, untersuchte PARIN, wie das Ich auf *unterschiedliche Umweltbedingungen* reagiert. Dabei sieht er sich in der Tradition von SPITZ, ANNA FREUD, MARGARET MAHLER und von S. FREUD selbst.

In seiner Theorienbildung bezieht PARIN sich auf die Ergebnisse vergleichend-anthropologische Untersuchungen bei Völkern außerhalb des abendländischen Kulturkreises, die mit einer vorkapitalistischen Wissenschaftsform leben. PARIN spricht bei solchen Völkern vom *Gruppen-Ich* und einem *Clangewissen*. Für die westlichen Industriеländer beschreibt er den Mechanismus einer »Identifikation mit der Rolle«. Von einem *Mechanismus* spricht PARIN deshalb, weil es sich um automatische Anpassungen an nicht reflektierte gesellschaftliche Verhältnisse handelt.

Die Anpassungsmechanismen stabilisieren die Ich-Organisation so lange, wie die sozialen Verhältnisse gleich bleiben. Sie ermöglichen einen relativ konfliktfreien Umgang mit gesellschaftlichen Einrichtungen und erleichtern auch eine Triebbefriedigung im gegebenen Umfeld.

Das *Gruppen-Ich* entsteht durch Identifikation der Mitglieder einer Gruppe miteinander. Menschen, die sich zu einem Gruppen-Ich zusammenschließen, bedürfen keines »Führers«; PARIN spricht von »brüderlichen« und »schwesterlichen« Beziehungsformen. Identifikationen stärken die Kohäsion der Gruppe, Aggression wird nach außen abgeführt. PARIN stellt die »horizontale« Organisation bei der Bildung eines Gruppen-Ich der »vertikalen Organisation« einer altershierarchischen Familie gegenüber und weist darauf hin, daß mütterliche Funktionen von Gleichaltrigen im Zusammenschluß als Gruppe übernommen werden.

Als *Clangewissen* bezeichnet PARIN das Ergebnis einer

Aufnahme von Werten und Normen einer Gruppe, die zu Über-Ich-Inhalten werden. So kann ein Soldat im Krieg ohne Gewissensqualen töten, weil die Normen seiner Gruppe das zulassen und sogar fordern. FREUD (1921) nahm an, daß Individuen in einer »Masse« den Führer anstelle ihres Über-Ich setzen. Im Unterschied dazu muß das Clangewissen nicht durch einen Führer verkörpert sein. Besonders stabile Verhältnisse entstehen, wenn die ursprüngliche Moral eines Individuums und die äußere Moral der Gruppe übereinstimmen. Ist das nicht der Fall, kann es zu inneren und interpersonellen Konflikten kommen.

Wer sich mit einer Rolle identifiziert, verhält sich in den zu ihr gehörenden sozialen Funktionen den Erwartungen der Gesellschaft gemäß, *ohne innerlich gegen sie zu protestieren*. Die Identifikation mit einer Rolle bewirkt also, daß sich ein Individuum nicht nur gemäß der Rolle verhält, sondern auch innerlich mit ihr übereinstimmt. PARIN unterscheidet hier zwischen einem äußeren rollenkonformen Verhalten (»objektive Rolle«) und der »subjektiven Rolle«, die erst durch Identifikation mit den Rollenanforderungen entsteht. Wer mit einer Rolle identifiziert ist, behält das Rollenverhalten auch dann bei, wenn er unter einen äußeren Druck gerät, sich anders zu verhalten.

Ist jemand mit einer Rolle identifiziert, die von der Gesellschaft angeboten oder gewünscht wird, spart das Energie. Es sind keine dauernden Anstrengungen nötig, um sich entgegen einem inneren Widerstand den Rollenerwartungen der Gesellschaft anzupassen. Konflikte entstehen, wenn jemand krank wird und den Rollenanforderungen nicht mehr genügt, oder wenn die Rollenanforderungen fortfallen – zum Beispiel, wenn jemand seinen Arbeitsplatz verliert, oder wenn die Tätigkeitsmerkmale sich ändern. Für alle Anpassungsmechanismen gilt, daß sie bei einer Verpflanzung in einen anderen Kulturkreis ihre Wirkung verlieren können.

Abwehrmechanismen werden auch zur Unterstützung des Coping *in einer bestimmten sozialen Situation* eingesetzt. Traumatische Situationen haben nicht in jedem Fall einen Vorläufer in der Kindheit. Nicht *jede* gefährliche Erkrankung, nicht *jede* Brandkatastrophe oder Unfallsituation, führen zur Regression und aktualisieren Kindheitstraumata, selbst wenn sie ihnen ähnlich sind. Auch die Angst in einer realen Situation kann so groß werden, daß sie ein rationales Handeln behindert, das notwendig ist, um die Gefahr zu bewältigen. Abwehrmechanismen werden dann eingesetzt, auch wenn es nicht zu einem »Aufflammen regressiver Ängste« (STEFFENS und KÄCHELE 1988, S. 5) kommt.

Allerdings kann eine Analogie mit Kindheitssituationen dazu führen, daß Abwehrmechanismen eingesetzt werden, wo sie eigentlich überflüssig sind oder sich schädlich auswirken. Der Erwachsene braucht vor vielem, was das Kind fürchtet, keine Angst zu haben. Er kann meist für sich selbst sorgen und kommt in der Regel nicht um, wenn er verlassen wird. Der Verlust der Liebe eines wichtigen Objekts vernichtet noch nicht seine Existenz, während ein Kind existentiell fürchten mußte, von den Eltern verlassen zu werden, wenn es sich nicht ihren Erwartungen gemäß verhielt. Meist sind solche Befürchtungen unrealistisch, für das Kind haben sie aber eine psychische Realität.

Umgekehrt gibt es Abwehrmechanismen, die in der Kindheit nicht notwendig waren, im Erwachsenenalter aber nützlich sind. Ein Beispiel dafür ist gerade das Isolieren vom Affekt in bestimmten sozialen Situationen. Kindern gesteht man mehr »Unvernunft« zu, Temperamentsausbrüche werden eher toleriert. Auch inhaltlich dürfen Kinder mehr ausdrücken als Erwachsene (»Kinder und Betrunkene sagen die Wahrheit«).

Die Adoleszenz ist ein Lebensabschnitt, in dem die Umstellung vom Kindsein auf die Rollen Erwachsener geleistet werden muß. Dazu gehört auch eine Umstrukturierung der Abwehrformationen. Gleichzeitig trainiert der Jugendliche Ich-Funktionen, die er bewußt einsetzen kann, zum Beispiel die Angsttoleranz und die Impulskontrolle, um sich den Erwartungen der Gesellschaft gemäß verhalten zu können. Diese Ich-Funktionen können den Einsatz mancher Abwehrmechanismen überflüssig machen. Es kommt aber häufig vor, daß die Abwehrmechanismen dennoch eingesetzt werden. Werden sie habituell eingesetzt, kann es sein, daß die entsprechenden Ich-Funktionen nicht genügend trainiert werden.

Zitierte Literatur

ARGELANDER, H. (1970): Das Erstinterview in der Psychotherapie. Wissenschaftliche Buchgesellschaft, Darmstadt (1967); Psyche 21: 241–268, 429–467, 473–512.

BELLAK, L.; HURVICH, M.; GEDIMAN, H. (1973): Ego functions in schizophrenics, neurotics and normals. John Wiley & Sons, New York/London/Sydney/Toronto.

BRENNER, C. (1976): Grundzüge der Psychoanalyse. Fischer, Frankfurt a.M. (Engl.: An elementary textbook of psychoanalysis. Int. Universities Press, New York 1955, 1973 rev. ed.).

BRENNER, C. (1982): The mind in conflict. Int. Universities Press, New York.

BROCHER, T. (1967): Gruppendynamik und Erwachsenenbildung. Westermann, Braunschweig.

BUSS, D. (1994): Die Evolution des Begehrens. Kabel, Hamburg.

CREMERIUS, J. (1968): Abriß der psychoanalytischen Abwehrtheorie. Psychother. Med. Psychol. 18: 1–14.

CREMERIUS, J.; HOFFMANN, S.O.; TRIMBORN, W. (1979): Psychoanalyse, Über-Ich und soziale Schicht. Kindler, München.

DICKS, H.V. (1967): Marital tensions. Routledge & Kegan Paul, London.

DORNES, M. (1993a): Der kompetente Säugling. Die präverbale Entwicklung des Menschen. Fischer, Frankfurt a.M.

DORNES, M. (1993b): Psychoanalyse und Kleinkindforschung. Psyche 47: 1116–1152.

DORPAT, T.L. (1979): Is splitting a defense? Int. Rev. Psychoanal. 6: 105.

EZRIEL, H. (1960/1961): Übertragung und psychoanalytische Deutung in der Einzel- und Gruppentherapie. Psyche 14: 495–523.

FAIRBAIRN, W.R.D. (1952): Psychoanalytic studies of the Personality. Routledge & Kegan Paul, London/Henley/Boston.

FÖLSING, A. (1993): Albert Einstein. Suhrkamp, Frankfurt a.M.

FREUD, A. (1936): Das Ich und die Abwehrmechanismen. Die Schriften der Anna Freud, Bd. I, S. 191–355. Kindler, München 1980.

FREUD, A. (1965): Wege und Irrwege in der Kinderentwicklung. Klett, Stuttgart.

FREUD, S. (1905): Drei Abhandlungen zur Sexualtheorie. G.W. Bd. V, S. 27–145.

FREUD, S. (1908): Charakter und Analerotik. G.W. Bd. VII, S. 203–209.

FREUD, S. (1916/1917): Vorlesungen zur Einführung in die Psychoanalyse. G.W. Bd. XI.

FREUD, S. (1921): Massenpsychologie und Ich-Analyse. G.W. Bd. XIII, S. 73–161.

FREUD, S. (1925): Die Verneinung. G.W. Bd. XIV.

FREUD, S. (1926): Hemmung, Symptom und Angst. G.W. Bd. XIV, S. 113–205.

FREUD, S. (1932): Neue Folge der Vorlesungen zur Einführung in die Psychoanalyse. G.W. Bd. XV.

FREUD, S. (1933): Neue Folge der Vorlesungen zur Einführung in die Psychoanalyse. G.W. Bd. XV, S. 86.

GREENSON, R.R. (1975): Technik und Praxis der Psychoanalyse. Klett, Stuttgart. (Engl.: The practice and technique of psychoanalysis. Int. Univ. Press, New York 1967).

GUNTRIP, H. (1968): Schizoid phenomena, object relations and the self. Hogarth Press, London.

GUNTRIP, H. (1973): Personality structure and human interaction. Hogarth Press, London.

HARTMANN, H. (3. Aufl. 1975): Ich-Psychologie und Anpassungsprobleme. Klett, Stuttgart.

HEIGL-EVERS, A.; HEIGL, F. (1985): Das Göttinger Modell der Gruppenpsychotherapie. In: P. KUTTER (Hg.), Methoden

und Theorien der Gruppenpsychotherapie. S. 121–144. Frommann-Holzboog, Stuttgart/Bad Cannstatt.
HEIGL-EVERS, A.; HEIGL, F.; OTT, J. (1993): Lehrbuch der Psychotherapie. Fischer, Stuttgart/Jena.
HOFFMANN, S.O. (1979): Charakter und Neurose. Suhrkamp, Frankfurt a.M.
HOFFMANN, S.O. (1987): Forschungstendenzen im Bereich von Psychotherapie und Neurosenlehre in den letzten 15 Jahren – Ein persönlicher Eindruck. Psychother. Psychosom. Med. Psychol. 37: 10–14.
HOFFMANN, S.O.; HOCHAPFEL, G. (5. Aufl. 1995): Neurosenlehre, psychotherapeutische und psychosomatische Medizin. Schattauer, Stuttgart.
JUNG, C.G. (1987): Erinnerungen, Träume, Gedanken. Aufgezeichnet und herausgegeben von ANIELA JAFFÉ. Walter, Olten.
KERNBERG, O.F. (1988): Schwere Persönlichkeitsstörungen. Klett-Cotta, Stuttgart. (Engl.: Severe personality disorders. Yale University Press, New Haven/London 1984).
KERNBERG, O.F.; SELZER, M.A.; KOENIGSBERG, H.W.; CARR, A.C.; APFELBAUM, A.H. (1989): Psychodynamic psychotherapy of borderline patients. Basic books, New York. (Dt.: Psychodynamische Therapie bei Borderline-Patienten. Huber, Bern/Göttingen/Toronto/Seattle 1993).
KÖNIG, K. (1981): Angst und Persönlichkeit. Vandenhoeck u. Ruprecht, Göttingen, 4. Aufl. 1993.
KÖNIG, K. (1982): Interaktioneller Anteil der Übertragung und phobische Persönlichkeitsstruktur. Prax. Psychother. Psychosom. 27: 25–32.
KÖNIG, K. (1988): Basale und zentrale Beziehungswünsche. Forum Psychoanal. 4: 177–185.
KÖNIG, K. (1991): Praxis der psychoanalytischen Therapie. Vandenhoeck u. Ruprecht, Göttingen.
KÖNIG, K. (1992a): Projektive Identifizierung. Gruppenpsychother. Gruppendyn. 28: 17–28.
KÖNIG, K. (1992b): Kleine psychoanalytische Charakterkunde. Vandenhoeck u. Ruprecht, Göttingen. 3. Aufl. 1995.
KÖNIG, K. (1993): Gegenübertragungsanalyse. Vandenhoeck u. Ruprecht, Göttingen. 2. Aufl. 1995.

KÖNIG, K. (1995): Die Fixierung in der Dyade: In: BUCHHEIM, P.; CIERPKA, M.; SEIFERT, T. (Hg.), Konflikte in der Triade – Spielregeln in der Psychotherapie – Weiterbildungsforschung und Evaluation. S. 40–49. Springer, New York/Berlin/Heidelberg.

KÖNIG, K.; KREISCHE, R. (1991): Psychotherapeuten und Paare. Vandenhoeck u. Ruprecht, Göttingen.

KÖNIG, K.; LINDNER, W.-V. (1992): Psychoanalytische Gruppentherapie. Vandenhoeck u. Ruprecht, Göttingen. 2. Aufl. 1993.

KRAUSE, R.; STEIMER-KRAUSE, E.; ULLRICH, B. (1992): Anwendung der Affektforschung auf die psychoanalytisch-psychotherapeutische Praxis. Forum Psychoanal. 8: 238–253.

KREISCHE, R. (1995): Gestörte Paarbeziehungen bei neurotischen Erkrankungen und ihre psychotherapeutische Behandlung. Psychosom. Med. Psychoanal. 41: 108–126.

KRIS, E. (1935): Psychoanalytic explorations in art. Int. Universities Press, New York.

LEICHSENRING, F.; MEYER, H.A. (1994): Reduzierung von Ambiguität: sprachstatistische Untersuchung an »Normalen«, Neurotikern, Borderline-Patienten und Schizophrenen. Z.f. klin. Psychol., Psychopathol. u. Psychother. 42: 355–372.

LICHTENBERG, J.D. (1991): Psychoanalyse und Säuglingsforschung. Springer, Berlin/Heidelberg/New York.

MEISSNER, W.W. (1978): The paranoid process. Aronson, New York/London.

MENTZOS, S. (1976): Interpersonale und institutionalisierte Abwehr. Suhrkamp, Frankfurt a.M.

MERTENS, W. (4. Aufl. 1992): Psychoanalyse. Kohlhammer, Stuttgart.

MOORE, B.E.; FINE, B.D. (1990): Psychoanalytic terms and concepts. Yale University Press, New Haven/London.

OGDEN, T.H. (1979): On projective identification. Int. J. Psychoanal. 60: 357–373.

PARIN, P. (1977): Das Ich und die Anpassungs-Mechanismen. Psyche 31: 481–515.

PARIN, P.; PARIN-MATTHEY, G. (1963): Die Weißen denken zuviel.

Psychoanalytische Untersuchungen bei den Dogon in Westafrika. Kindler, München.
PARIS, B.J. (1994): Karen Horney. A psychoanalyst's search for self-understanding. Yale University Press, New Haven/ London.
RICHTER, H.E. (1972): Patient Familie. Rowohlt, Reinbek.
REICH, G. (1995): Eine Kritik des Konzepts der »primitiven Abwehr« am Begriff der Spaltung. Forum Psychoanal. 11: 99–118.
RIEMANN, F. (1976): Grundformen der Angst. Ernst Reinhardt, München/Basel.
ROHDE-DACHSER, C. (1987): Ausformungen der ödipalen Dreieckskonstellation bei narzißtischen und bei Borderline-Störungen. Psyche 41: 773–799.
SANDLER, J. (Hg.; 1987): Projection, identification, projective identification. Int. Univ. Press. Madison, Conn.
SANDLER, J.; FREUD, A. (1985): The analysis of defense. The ego and the mechanisms of defense revisited. Int. Univ. Press, New York. (Dt.: Die Analyse der Abwehr. Klett-Cotta, Stuttgart 1989).
SANDLER, J.; SANDLER, A.M. (1985): Vergangenheits-Unbewußtes, Gegenwarts-Unbewußtes und die Deutungen der Übertragung. Psyche 39: 800–829.
SANDNER, D. (1990): Modelle der analytischen Gruppenpsychotherapie – Indikation und Kontraindikation. Gruppenpsychother. Gruppendyn. 26: 87–100.
SELIGMANN, M.E.D. (3. Aufl. 1986): Erlernte Hilflosigkeit. Urban & Schwarzenberg, München.
STEFFENS, W.; KÄCHELE, H. (1988): Abwehr und Bewältigung – Vorschläge zu einer integrativen Sichtweise. Psychother. med. Psychol. 38: 3–7.
STIERLIN, H. (1971): Die Funktion innerer Objekte. Psyche 25: 81–99.
SULLIVAN, H.S. (1955): Conceptions of modern psychiatry. Tavistock, London.
SULLIVAN, H.S. (1956): Clinical studies in psychiatry. Norton, New York.
TRAMITZ, C. (1993): Irren ist männlich. Bertelsmann, München.

VAILLANT, G.E. (1977): Adaption to life. Little, Brown, Boston.
WEISS, J.; SAMPSON, H.; THE MOUNT ZION PSYCHOTHERAPY RESEARCH GROUP (1986): The psychoanalytic process. The Guilford Press, New York/London.
WILLI, J. (1975): Die Zweierbeziehung. Rowohlt, Reinbek.
WILLI, J. (1988): Der Begriff der »sozialen Nische« und seine Anwendung in der psychiatrischen Praxis. Psychosozial 35: 6–21.
WILLI, J. (1989): Psychoökologische Aspekte der stützenden Psychotherapie. Psychother. med. Psychol. 39: 225–231.
WINNICOTT, D.W. (1975): Through paediatrics to psychoanalysis. Hogarth, London.
WURMSER, L. (1990): Die Maske der Scham. Die Psychoanalyse von Schamaffekten und Schamkonflikten. Springer, Berlin. (Engl.: The mask of shame. John Hopkins University Press, Baltimore 1981).

Ergänzende Literatur

Leser, die sich Zugang zum Stand der empirisch-statistischen Forschung verschaffen wollen, seien auf die im folgenden genannten Titel verwiesen.

CONTE, H.R.; PLUTCHIK, R. (1995): Ego defenses. Wiley & Sons, New York/Chichester/Brisbane/Toronto/Singapore.
HENTSCHEL, U.; SMITH, G.; EHLERS, W.; DRAGUNS, J.G. (1993): The concept of defense in contemporary psychology: Theoretical, research and clinical perspectives. New York: Springer.
KÄCHELE, H.; STEFFENS, W. (Hg.; 1988): Bewältigung und Abwehr. Springer, Berlin/Heidelberg/New York/London/Paris/Tokyo, S. 1–50.
RÜGER, U.; BLOMERT, A.F.; FÖRSTER, W. (1990): Coping. Vandenhoeck u. Ruprecht, Göttingen.
SCHÜßLER, G.; LEIBING, E. (1994): Coping. Hogrefe, Göttingen.

Register

Abstrahieren 12
Abwehr
  durch Verhinderung sozialinadäquaten Verhaltens 123f
  und Affekt 12
  und Geschwindigkeit des therapeutischen Prozesses 16
  und Lebensqualität 12
  und Partnerwahl 116ff
  und sich binden 116ff
  ausprobieren 14
  gesellschaftsspezifische 123ff
  lebensverlängernde Funktion 12
  Reifegrad 13
Abwehrformation 12
Abwehrkonfiguration und Charakter 15
Abwehrmechanismen
  aus Kindes- und Jugendalter 13
  bei Frühstörungen 95ff
  ihre »Kosten« 9
  primitive 97ff
  reife 98
  reife, aber gelähmte 97
  und Abwehrverhalten 75
  und Beziehungen 16f
  und Denken 16
  Zweckmäßigkeit im zeitlichen Verlauf 14
Adoleszenz 26, 127f
Affekt und Abwehr 12
Affekte
  nachsozialisieren 56
  Abwehr auslösende 12
Affekttoleranz 56
Affektualisierung 54
Aggressivität, notwendige 29
Als-Ob-Persönlichkeiten 26
Altruistische Abtretung 70, 84f
Ambivalenzkonflikte und Isolierung vom Affekt 104
Angstsignal 22
Angsttoleranz 97, 123, 128
Anpassung
  alloplastische 17
  autoplastische 17
Anpassungsmechanismen 125ff
Attraktivität, sexuelle 21f

Babywatcher 116
Bagatellisieren 119, 121
Beurteilungen 12
Bewältigungsstrategien 14f
Beziehungsform
  brüderliche 125
  schwesterliche 125

Beziehungswünsche
  mit starken infantilen Beimengungen 122
  zentrale 15
Bindung an ein Kind 121
Borderline und ödipale Konflikte 102
Bußrituale 65
Bußvorgänge 65

Charakter und Abwehrkonfiguration 15
Clangewissen 125ff

Depersonalisation 90ff
  als Abwehrvorgang 91
  und Konversion 92f
  und Körperschema 90
Derealisation 90ff
  als Abwehrvorgang 91f
  und Konversion 92f
deskriptives Unbewußtes 20
Differenzieren zwischen Partner und Vater 24
Double-bind-Situation und Isolierung aus dem Zusammenhang 59
dyadische Fixierung 102

Elternverhalten, Isolierung aus dem Zusammenhang 58
Empathie und narzißtische Entwicklungen 110ff
Entscheidungsschwäche 57
Entwertung 82f
  primitive 98
Entwicklungspathologie 95ff
Erinnerungen 23
Ersatzbefriedigung 72ff
Ersatzperson, männliche 24
Erythrophobie 31
Evolutionspsychologie 116ff

Familiarität 48, 53, 113
Fremdbestimmung 59f
Frühstörungen 95ff
Funktionslust 74
Gefühllosigkeit aus Übersensibilität 79
Gefühlsblockaden 77ff
  und Selbst-Objekt-Grenzen 78f
Gegenhandeln 65
Gegenwartsunbewußtes 15, 20f, 72
Geschlechtsidentität 101
Größenselbst 81, 108ff
Gruppen-Ich 125ff
Gruppensituation 113ff

Ich-Funktionen 11, 97f, 128
  schwache und Abwehrmechanismen 93f
Ich-Ideal 81
Ich-Regression 96f
Ich-Zustände 101
Idealisierung 26f, 81ff, 121
  Abwehraspekt 82
  bei narzißtischer Charakterpathologie 107f
  des Lehranalytikers 86
  des Therapeuten 85f
  einer Dauerbeziehung 119
  einer Gruppe 85
  negative Auswirkungen 82ff
  primitive 97f
  stabile 84, 104f
  und Idealvorstellungen des Idealisierenden 81
  und Reaktionsbildung 82
Identifizierung 23ff, 31
  dauernde 25ff
  Grundlage von Lernvorgängen 28

leugnende 53
mit dem Angreifer 37ff
mit dem Angreifer und
  Über-Ich-Entwicklung 38
mit dem Angreifer und
  Verschiebung 38
mit eigenen Kindern 27
mit einer Rolle 125
mit Lehranalysanden 27
mit Lehranalytikern 27
nach Idealisierung 27
reife 27
und positive Beziehung 24
verschiebende 53
vorübergehende 25ff
Identität
  berufliche 101
  eigene feste 25
Identitätsdiffusion 100ff
Identitätsvakuum 26
Impulskontrolle 56, 123, 128
Intellektualisieren 12, 60ff
  fallweiser Einsatz 62
  habitueller Einsatz 62
  und Pubertät 60f
intellektualisierend
  denken 60
  sprechen 60
Introjektion 23f
  Auswirkungen 23f
  Vorbedingungen 23
Isolierung aus dem Zusammenhang 40, 54ff
  horizontale 57
  vertikale 57
Isolierung vom Affekt 13f, 28, 54ff, 124
  Generalisierung 54
  Hindernis in einer Psychotherapie 55

Klinik, psychotherapeutische 98
Kompromißbildung,
  psychosoziale 113
  psychosoziale in Paarbeziehungen 114
Konfliktpathologie 95ff
Kontinuum zwischen Spaltung
  und integrierter Ambivalenz 104
kontraphobische Berufswahlen 76
  Nachtwächter mit Dunkelangst 76
Kränkungen, minimale 102

Lehrer-Schüler-Verhältnis 24
Leugnung 39ff, 50, 97, 119, 121, 123
  Nutzen oder Schaden 45
  primitive 98f
  und affektiver Stellenwert 39f
  und Bedeutung 40
  Lücke im Wunscherleben 21

magisches Denken 66f
Mehrpersonensituationen 113ff
Meister-Lehrling-Verhältnis 24

Objekt, schlechtes oder böses 96
Objektbeziehungstheorie und
  Projektion 47
Objektneutralisierung 30f, 79ff
Objektrepräsentanz, ideale 81
Ohnmachtsgefühle 99
omnipotente Kontrolle 105ff
  und projektive Identifizierung 106ff
Omnipotenzphantasien 99

Primärprozeß 16

primärprozeßhaftes Denken 64
Produzieren, kreatives 16
Progression 87ff
　Ursachen 87f
Projektion 47ff
　unempatischer Objekte 48
　Motive 47f
projektive Identifizierung 13,
　49ff, 69, 97, 106
　als primitive Abwehrmechanismen 51f
　bei reiferer Pathologie 53
　Übertragungstyp 53
　und alloplastische Anpassung 17
psychosoziale Kompromißbildung 113

Rationalisieren 60ff
Reaktionsbildung 28ff, 35f
　und Verneinung, Unterschiede 30f
Realitätsprinzip 66
Realitätsprüfung 66
rechthaberisches Verhalten 62
Regression 73, 87ff
　als Vermeidung 89f
　und Übertragung 88f
　Ursachen 87
reife Abwehrmechanismen,
　Entwicklung 97
Rollenumkehr 67ff

Sanatoriumsfamilie 33
Schuldgefühle, wahnhafte 32
Sekundärprozeß 16
Selbst
　ideales 81
　schlechtes oder böses 96
Selbstneutralisierung 30f, 79ff
　als Schutz vor Selbstvorwürfen 80

und Abschied 80
und Altersweisheit 80
und Verzicht 80
Selbstrepräsentanz 47
　ideale 81
selektive Aufmerksamkeit 46,
　50
　Unaufmerksamkeit 50
　Wahrnehmung 50
Sexualität, Verweigerung 59f
Sexualüberschätzung 83
Sicherheit 21f
Signalangst 69, 124
Soziophathen 100
Spaltung 96ff, 103ff
　als Umgang mit Ambivalenzen 103
　und Verschiebung 104
　stabilisierte 104f
Struktur
　depressive 32ff
　narzißtische 34
　phobische 33
　zwanghafte 56
Sublimierung 72ff
　versus Ersatzbefriedigung 73
Suppression 22

Tagesklinik 98
Tagesphantasien 22f
Therapeutenverhalten
　als Elternverhalten 68
Tötungsimpulse 56
　ohne Begründungszusammenhang 56
Traum, manifester Inhalt 21
Triebregression 96f

Über-Ich 81, 100
　eingekapseltes 99f
Übertragung einer Rollenumkehr 69

Übertragungsauslöser 63
Unbewußtes, infantiles 15, 20f
Ungeschehenmachen 65
Unterdrückung 22f
  und Leugnung 42ff

Vater, Gegenbild 24
Verdichtung allgemein 71f
  bei Regression im Dienst
    des Ich 72
  im Traum 71
Verdrängung 18ff
Vergessen und Bedeutung 18
Verhaltenstherapie 77
Vermeidung 75ff, 124
  rational begründete 76
Vermeidungsverhalten, unrealistisches 77

Verneinung 30ff
  und Reaktionsbildung,
    Unterschiede 30f
Verschiebung 35ff, 122
  auf Kleineres 37
Verständnis für das Infantile 59
Verstimmungen, depressive 45
Vertrautheit 48
Vorbewußtes 15, 22, 72

Wendung der Aggression
  gegen die eigene Person 32ff
Widerstand gegen Avancen
  eines Mannes 119
Wiedergutmachen 65
Wiederkäuen 44f
Willensakt 22

Karl König bei Vandenhoeck & Ruprecht

Widerstandsanalyse

Karl König legt in seiner »Widerstandsanalyse« Wert darauf, immer auch die positive Funktion von Widerstand in der Psychotherapie im Blick zu haben. Denn ohne Widerstände könnten starke unbewusste Impulse das bewusste Ich überschwemmen und damit das Individuum überfordern. Widerstände verlangsamen den therapeutischen Prozess, so wird er für den Patienten erträglich. König beschreibt das Ziel eines optimalen Widerstandsniveaus, das Therapeut und Patient gemeinsam anstreben sollten.

Therapien in Gang bringen und konzentrieren

»Das Buch stellt ein Modell zur Rahmen- und Settinggestaltung psychoanalytischer Therapieprozesse vor mit dem Ziel diese zu beschleunigen und zu konzentrieren. Zu diesem Zweck wird vorgeschlagen, bestimmte Problemfelder zu fokussieren, die Erwartungen von Therapeut und Patient zu berücksichtigen und die spezifischen Ressourcen des Hilfesuchenden zu mobilisieren.«
Datenbank Psyndex

Übertragunsanalyse

Es gibt derzeit kein einheitliches Verständnis vom Phänomen der Übertragung. Karl König zeigt die Differenzierung und Erweiterung des Übertragungsbegriffs in der nachfreudianischen Psychoanalyse auf. Daraus leiten sich unterschiedliche behandlungstechnische Fragen ab:
Welche Übertragungsauslöser gibt es? Wann und in welcher Form soll eine Übertragung angesprochen werden? Wie wird dabei mit Widerständen gegen das Manifestwerden von Übertragung umgegangen?

Gegenübertragungsanalyse

»König beleuchtet die unterschiedlichsten Aspekte der Gegenübertragungsanalyse, er plädiert für einen weiten und differenzierten Begriff der Gegenübertragung, um diagnostische Fehleinschätzungen und fehlgeleitetes therapeutisches Handeln zu vermeiden:

Er definiert als Gegenübertragung ›alle Aspekte, Stimmungen und Handlungsimpulse, die ein Patient oder die Personen oder Institution, mit denen er in Beziehung steht, unter den Bedingungen der therapeutischen Aufgabe im Therapeuten hervorrufen.‹, schließt also alle Reaktionen des Therapeuten/der Therapeutin ein, auch die Übertragung der Analytikerin/des Analytikers. ... Ein sehr empfehlenswertes und hilfreiches Buch für die analytische Praxis.«
Werkblatt

Einführung in die psychoanalytische Krankheitslehre

Das weite Feld der Wechselwirkungen zwischen organischen Erkrankungen und den Formen ihrer psychischen Bewältigung, der psychogenen Krankheiten und ihrer körperlichen Folgen, somato-psychischer und psychosomatischer Leiden ist komplex und verwirrend. Noch unübersichtlicher stellt es sich dadurch dar, dass es von den unterschiedlichen Autoren, je nach Schule und beruflichem Schwerpunkt, zumeist einseitig gewichtet und zugunsten einer doch wieder enggeführten Sichtweise gezeichnet wird.
Karl König hat für sein Buch einen pragmatischen Weg gewählt. Nicht Vollständigkeit der Krankheitsbilder strebt er an, sondern Einsichten, die für den therapeutischen Alltag wie für die Aus- und Weiterbildung besonders aufschlußreich sind.

Praxis der psychoanalytischen Therapie

»Mit der Praxis der psychoanalytischen Therapie hat Karl König ein bemerkenswertes Buch vorgelegt. Es ist kein Lehrbuch, aber eine äußerst lehrreiche, übersichtliche und systematische Darstellung der Grundzüge der analytischen Psychotherapie und angrenzender Bereiche. Ausgehend von der Dynamik der psychoanalytischen Situation und Beziehung führt es in die Techniken und Strategien der psychoanalytischen Behandlung ein. Es skizziert die Phänomene, therapeutischen Aufgaben und die technischen Mittel der psychoanalytischen Behandlung ... Insofern ist das Buch mehr als eine Einführung. Es ist ein Ratgeber für den Lernenden. Für den Erfahrenen ist es eine Anregung, die eigene Praxis zu überdenken. « *Praxis der Psychotherapie und Psychosomatik*

Angst und Persönlichkeit
Das Konzept vom steuernden Objekt und seine Anwendungen

»Dieses Buch ist eine hervorragende klinische Studie, die jeder praktisch tätige Psychotherapeut und Psychoanalytiker mit großem Gewinn lesen wird. Es ist aber auch ein Markstein, der nachweist, daß die ichpsychologische-objektbeziehungstheoretische Sichtweise inzwischen in die deutsche Psychoanalyse-Literatur Eingang gefunden hat.«
Praxis der Psychotherapie und Psychosomatik

Therapien in Gang bringen und konzentrieren

»Das Buch stellt ein Modell zur Rahmen- und Settinggestaltung psychoanalytischer Therapieprozesse vor mit dem Ziel diese zu beschleunigen und zu konzentrieren. Zu diesem Zweck wird vorgeschlagen, bestimmte Problemfelder zu fokussieren, die Erwartungen von Therapeut und Patient zu berücksichtigen und die spezifischen Ressourcen des Hilfesuchenden zu mobilisieren.«
Datenbank Psyndex

Einführung in die stationäre Psychotherapie

Karl König, Autor zahlreicher Fachbücher zur psychotherapeutischen Technik, hat seine jahrelangen Erfahrungen als Arzt einer großen psychotherapeutischen Klinik und als Supervisor stationärer Einrichtungen systematisiert zu dieser ersten Darstellung, die alle Dimensionen stationärer Psychotherapie umfassend behandelt. Aus grundsätzlichen Überlegungen werden jeweils konkrete Hinweise und Hilfen für die Fragen der Praxis abgeleitet.
Das umfassende Literaturverzeichnis erschließt zudem alle wichtigen englisch- und deutschsprachigen Veröffentlichungen zum Thema.

Weitere Titel von Karl König finden Sie auf unserer Homepage: www.v-r.de

Psychoanalyse aktuell

V&R

Josi Rom
Identitätsgrenzen des Ich
Einblicke in innere Welten schizophrenie- und borderlinekranker Menschen

2007. 240 Seiten mit 12 Abb., kartoniert
ISBN 978-3-525-49103-4

Verfolgungswahn, Allmachtsgefühle, eine verzerrte Selbstwahrnehmung, ausgeprägte Stimmungswechsel – wie geht man mit Menschen um, die sich an den Grenzen ihrer eigenen, sich auflösenden oder ständig verändernden Identität bewegen? Wie kann man ihnen helfen?

Franz Maciejewski
Der Moses des Sigmund Freud
Ein unheimlicher Bruder

2006. 221 Seiten mit 5 Abb., kartoniert
ISBN 978-3-525-45374-2

Die Enthüllung einer biographisch existentiellen Erfahrung Sigmund Freuds zwingt dazu, seine beiden Moses-Studien aus völlig neuem Blickwinkel zu lesen.

Micha Hilgers
Mensch Ödipus
Konflikte in Familie und Gesellschaft

2007. Ca. 128 Seiten, kartoniert
ISBN 978-3-525-49102-7

Der Mythos von Ödipus ist viel mehr als ein Jahrtausende altes Drama über Totschlag und Inzest. Er spiegelt psychische Strukturen und familiäre Konflikte bis in unsere heutige Zeit hinein.

Elfriede Löchel / Insa Härtel (Hg.)
Verwicklungen
Psychoanalyse und Wissenschaft

Psychoanalytische Blätter, Band 27.
2006. 150 Seiten mit 3 Abb., kartoniert
ISBN 978-3-525-46026-9

Psychoanalytische Denkansätze leisten einen Beitrag zu der erforderlichen Neubestimmung des Subjekt-Objekt-Verhältnisses in der Forschung. Der Fundus an Reflexions- und Interpretationsverfahren bedarf gleichwohl einer Übersetzung in das wissenschaftliche Anwendungsgebiet. Sie ist das Anliegen dieses Bandes.

Vandenhoeck & Ruprecht

Schriften des Sigmund-Freud-Instituts

V&R

Marianne Leuzinger-Bohleber /
Stephan Hau / Heinrich Deserno (Hg.)
Depression – Pluralismus in Praxis und Forschung
Schriften des SFI. Reihe 1: Klinische Psychoanalyse: Depression, Band 1. 2005.
353 Seiten mit 17 Abb. und 26 Tab., kartoniert. ISBN 978-3-525-45164-9

Stephan Hau / Hans-Joachim Busch /
Heinrich Deserno (Hg.)
Depression – zwischen Lebensgefühl und Krankheit
Schriften des SFI. Reihe 1: Klinische Psychoanalyse: Depression, Band 2.
2005. 254 Seiten mit 17 Abb., kart.
ISBN 978-3-525-45163-2

Ulrich Moser
Psychische Mikrowelten – Neuere Aufsätze
Herausgegeben von Marianne Leuzinger-Bohleber und Ilka von Zeppelin.
Schriften des SFI. Reihe 2: Psychoanalyse im interdisziplinären Dialog, Band 1.
2005. 498 Seiten mit 10 Abb. und 2 Tab., kartoniert
ISBN 978-3-525-45165-6

Klaus Herding / Gerlinde Gehrig (Hg.)
Orte des Unheimlichen
Die Faszination verborgenen Grauens in Literatur und bildender Kunst
Schriften des SFI. Reihe 2: Psychoanalyse im interdisziplinären Dialog, Band 2.
2006. 300 Seiten mit 70 Abb., kart.
ISBN 978-3-525-45176-2

Marianne Leuzinger-Bohleber /
Rolf Haubl / Micha Brumlik (Hg.)
Bindung, Trauma und soziale Gewalt
Psychoanalyse, Sozial- und Neurowissenschaften im Dialog
Schriften des SFI: Reihe 2: Psychoanalyse im interdisziplinären Dialog, Band 3.
2006. 295 Seiten mit 5 Abb. und 1 Tab., kartoniert. ISBN 978-3-525-45177-9

M. Leuzinger-Bohleber / Yvonne Brandl /
Gerald Hüther (Hg.)
ADHS – Frühprävention statt Medikalisierung
Theorie, Forschung, Kontroversen
Schriften des SFI. Reihe 2: Psychoanalyse im interdisziplinären Dialog, Band 4.
2. Auflage 2006. 306 Seiten mit 14 Abb. und 3 Tab., kart. ISBN 978-3-525-45178-6

Ralf Zwiebel /
Annegret Mahler-Bungers (Hg.)
Projektion und Wirklichkeit
Die unbewusste Botschaft des Films
Schriften des SFI. Reihe 2: Psychoanalyse im interdisziplinären Dialog, Band 5.
2007. 235 Seiten, kartoniert
ISBN 978-3-525-45179-3

Hans-Joachim Busch (Hg.)
Spuren des Subjekts
Positionen psychoanalytischer Sozialpsychologie
Schriften des SFI. Reihe 3: Psychoanalytische Sozialpsychologie, Band 1.
2007. 288 Seiten, kartoniert
ISBN 978-3-525-45404-6

Vandenhoeck & Ruprecht